Windy Moors

20.

Sara Staffolani

UNA LADY
NELLA CAMPAGNA INGLESE

Vita e opere di
Edith Holden

flower-ed

Una Lady nella campagna inglese. Vita e opere di Edith Holden
di Sara Staffolani

© 2018 flower-ed, Roma

I edizione *Windy Moors* novembre 2018

ISBN 978-88-85628-43-4

www.flower-ed.it

*Dedicato alla natura, a tutti gli animali che vi abitano
e ai luoghi della mia infanzia.*

La Natura non ha mai tradito
il cuore che l'ha amata; e questo è il suo privilegio,
di condurci lungo tutta la nostra vita
di gioia in gioia; perché essa può talmente informare
lo spirito che è in noi; così imprimervi
serenità e bellezza; così alimentarlo di nobili
pensieri, che né le malelingue,
dagli avventati giuramenti, né i sarcasmi degli egoisti,
né i saluti fatti senza amore, né tutto lo squallore
che incontriamo nella vita di ogni giorno,
tutto questo non potrà mai prevalere su di noi,
né mai turbare la nostra serena fiducia, perché
tutto ciò che vediamo è pieno di gioia. Perciò lascia che la luna
brilli su di te mentre solitaria vaghi,
e lascia che i brumosi venti di montagna soffino
liberi contro di te...

William Wordsworth,
Lines written a few miles above Tintern Abbey

PREMESSA

Arrivata in fondo al sentiero, ho appoggiato la bicicletta contro un argine e ho fatto merenda su una palizzata. Una magnifica Ghiandaia, in tutto lo splendore del suo piumaggio primaverile è volata fischiando attraverso il sentiero nel boschetto che sta dalla parte opposta. Pareva offesa dell'intrusione di un essere umano in un luogo così poco frequentato[1].

Il mio primo incontro con Edith Holden è stato alquanto curioso. Nel settembre 2016, una ragazza mise in vendita sul suo profilo Facebook il libro *Diario di campagna di una signora inglese del primo Novecento*. Non conoscevo l'autrice, il suo nome mi era totalmente sconosciuto, ma rimasi subito colpita da quel titolo così suggestivo. Così contattai la ragazza, pagai il giorno seguente e lei mi spedì subito il libro (fu così gentile da accludere all'interno anche un delizioso bigliettino floreale che tuttora conservo).

Il *Diario di campagna di una signora inglese del primo Novecento* arrivò a casa mia il 29 settembre. Il fato alle volte ci fa degli splendidi e inaspettati regali.

Per gli *Appunti sulla natura di una signora inglese del primo Novecento*, scritti un anno prima del *Diario* ma scoperti in seguito, dovetti attendere un po' di più. Trovai il libro per caso in vendita su eBay solo nell'estate del 2018 a un prezzo tutto sommato modico e lo acquistai. Questo secondo diario

---

[1] Edith Holden, *Diario di campagna di una signora inglese del primo Novecento*, Mondadori, Milano 2001, traduzione di Gina Bosisio, p. 28.

9

è ancora più raro del recente e reperirlo in lingua italiana è assai difficile, mentre si trova facilmente in lingua inglese.

Grazie a questi libri ho scoperto un affascinante mondo bucolico che purtroppo non esiste più, ma che grazie ai delicati pensieri e ai meravigliosi acquerelli di Edith ritorna in vita ogni volta che si aprono i suoi diari. È questa la magia che continua a operare Edith.

Sono sempre stata perdutamente ammaliata dal passato e sfogliare i diari di Edith significa tuffarsi in un mondo di bellezza, di purezza e di implacabile nostalgia. Sappiamo bene che quel mondo agreste è esistito davvero, ma purtroppo siamo anche perfettamente coscienti del fatto che non potrà mai più tornare.

Fin da piccola ho sempre amato la campagna. Non potrei mai vivere in città; persino il piccolo paese in cui abito, con le abitazioni ravvicinate, mi sta stretto. Attorno a me vorrei solo alberi di ogni tipo, fiori colorati, ampie distese di verde, un cielo azzurro e null'altro. Credo che, qualsiasi problema, preoccupazione o tormento si abbia, se ci si reca in mezzo alla natura appaia ridimensionato e l'animo si risollevi.

I miei nonni materni hanno sempre abitato in un'antica casa colonica arroccata nel bel mezzo delle sinuose colline della campagna marchigiana, dove tra l'altro è cresciuta mia madre. È un luogo tuttora isolato, appartato, tranquillo, che ha conservato molte delle caratteristiche primitive e selvagge di un tempo, salvandosi, almeno in parte, dalla cruda mano dell'uomo. Abituati come siamo al caos, allo smog, al frastuono e al grigio cemento in ogni dove, trovare un luogo del genere è un vero paradiso terrestre e non è possibile rinunciarvi. Eppure, la maggior parte dei vicini di mio nonno hanno preferito abbandonare quel paradiso, trasferendosi nel centro cittadino perché così, dicono, si sentono più sicuri. Mi domando come sia possibile barattare un luogo del genere per apparenti sicurezze e superflue comodità.

Da piccola ero solita passeggiare, fedelmente accompagnata da Batuffolo, Nerone, Rolf e Puffi, i bei cani dei miei nonni con i quali sono cresciuta, in mezzo a quella sperduta campagna. Era un vero spettacolo, soprattutto in primavera e in estate con quei colori rigogliosi e vivi e quei magici pioppi che, come nuvole leggere, sembravano avvolgere dolcemente ogni cosa con la loro morbidezza e il loro candore. Mia madre e mia nonna erano preoccupate per le mie piccole escursioni: temevano i pericoli che si celavano in ogni angolo o l'infelice incontro con qualche animaletto poco socievole, come ad esempio un serpente. Ma la natura sembrava prepotentemente richiamarmi a sé.

Ogni settimana mi reco tuttora in quel luogo dove, dopo la morte di mia nonna, è rimasto solo mio nonno, che non andrebbe via e non lascerebbe la sua cadente casa per niente al mondo. Per arrivare lì, bisogna percorrere una stretta stradina sterrata piena di curve, circondata da un panorama mozzafiato. Quella campagna selvaggia profuma di solitudine e di pace; non desidera affatto essere disturbata da alcuno, ma pretende giustamente di essere di rispettata, anche se purtroppo viene tuttora martoriata da cacciatori senza alcuno scrupolo.

Avviandomi lentamente e con cautela con la mia automobile gialla in quella stradina ho la sensazione di essere un'intrusa poco gradita e di turbare, con la mia sola presenza umana e il rumore dell'automobile, quell'equilibrio e quella sacra quiete. Gli uccellini volano via impauriti o infastiditi, le lucertole e le formiche si affrettano a sgomberare le strade, i cespugli di rovi e gli alberi sembrano quasi volermi sbarrare la strada. Ogni cosa è intrisa di un'intima sacralità che non deve essere profanata dall'uomo.

Dopo aver parcheggiato l'automobile, finalmente mi avvio a piedi e ho l'impressione che la natura, dopo aver constatato con attenzione le mie pacifiche intenzioni, gradualmente mi accolga a sé, sussurrandomi all'orecchio i suoi segreti e le sue storie.

Spesso ho la tentazione di mettermi seduta in un angolo per terra o su una roccia a godermi quel magnifico panorama, fantasticare come sono sempre solita fare e immortalare quel luogo non solo con una fotografia, ma anche con un dipinto, proprio come faceva Edith Holden, che passeggiava per ore e ore felicemente sola, in mezzo alla campagna e alla brughiera inglese, arrampicandosi in cima alle scoscese colline con una tela e una scatola di colori in mano. Il tempo si fermava, i problemi scomparivano e l'animo era più leggero. Edith si fondeva in un tutt'uno con la natura attorno a sé, la quale non aveva alcun segreto per lei.

Mi sono molto riconosciuta nell'indole di Edith Holden, ma questo mi capita sovente con le scrittrici che scelgo di studiare. Se non vi sono affinità ed empatia è impossibile scrivere una biografia, perché per capire realmente una scrittrice bisogna calarsi nei suoi panni, da pari a pari, ed esplorare dolcemente senza alcuna invadenza la sua vita ed entrare nel suo tempo.

Nata nell'Inghilterra del 1871, fin dall'infanzia Edith Holden ha sempre amato la natura, gli animali, l'arte e la poesia, perché erano gli interessi principali della sua numerosa famiglia; questa per l'epoca era molto emancipata, incoraggiando sempre felicemente il potenziale e le naturali inclinazioni delle cinque figlie.

Edith era nata per disegnare: era una donna sensibilissima, dolce, romantica e delicata. Non era e non voleva essere una donna convenzionalmente vittoriana. Lo dimostra il fatto che a soli vent'anni abbandonò la sua famiglia e la sua casa per studiare pittura per un anno in Scozia, come anche la sua determinata decisione di sposarsi a trentanove anni con un uomo non graditissimo alla sua famiglia, che aveva inoltre sette anni in meno di lei. Edith seguiva il suo cuore, non i frivoli e superficiali dettami della società.

Illustratrice, insegnante, scrittrice e naturalista, ella non divenne tuttavia molto famosa alla sua epoca. Al contrario di un'altra famosa autrice e illustratrice inglese sua contemporanea, Beatrix Potter, molto simile a lei per indole e passioni ma più fortunata e forse con un maggior fiuto per gli affari, Edith non aveva mai pensato alla pubblicazione dei suoi diari. Per lei fungevano esclusivamente come modello di riferimento per il lavoro delle sue allieve e per incoraggiarle a osservare e studiare la natura che le circondava.

Edith amava molto gli animali. Proprio nella sua amata Scozia, che le ruberà il cuore, aveva imparato a osservarli attentamente e a capirli con un solo sguardo. Non a caso saranno sempre i suoi soggetti preferiti da disegnare e Edith lotterà per far valere i loro diritti e per far sì che fossero sempre protetti e difesi contro la crudeltà umana. Difatti collaborò per diversi anni con una rivista del *Consiglio Nazionale per la Protezione degli animali*. Per lei non erano semplicemente animali, ma piccoli grandi inseparabili amici. È trascorso oramai più di un secolo da allora, eppure questi temi restano tuttora terribilmente attuali e necessitanti di ulteriore sensibilizzazione da parte dell'opinione pubblica.

La storia di Edith era iniziata in mezzo alla natura e proprio nella natura finì misteriosamente.

Solo dopo cinquantasette anni di silenzio la figura di questa donna dal cuore d'oro sarà riscoperta e rivalutata. Le sue opere saranno finalmente pubblicate, dando modo al mondo intero di conoscerla, apprezzarla e amarla.

Edith adorava la solitudine, anche se non disdegnava la compagnia dei suoi amici più cari, e attraverso i suoi diari ci ha mostrato tutto ciò che vedeva ogni mese dell'anno. È come se, attraverso i suoi pensieri e i suoi acquerelli, ella avesse scattato delle istantanee, riuscendo a immortalare attimi preziosi: la scoperta del nido di un uccello, dei quali conosceva a perfettamente ogni nome e peculiarità; la nascita di un nuovo fiore selvatico, il furtivo arrivo di una curiosa volpe; il volo di un leggiadro airone o di un maestoso falco; un magico tramonto rosato sulla brughiera. Quei momenti e quegli animali che lei ha descritto magistralmente nelle sue opere non sono mai realmente morti, perché riecheggiano ancora in ogni pagina del suo diario, in ogni sua parola, in ogni suo delicato acquerello. Profumano di magia, di pace e di speranza: quest'ultima fu particolarmente importante nella vita di Edith, dato che la considerava il suo Spirito guida. Proveniente da una famiglia spiritualista, che praticava regolarmente sedute spiritiche e credeva nella comunicazione con un altrove pacifico, Edith saprà cogliere e decifrare ogni più piccola sfumatura e mutamento di una natura misteriosa ma amichevole, fortemente intrisa di spiritualità, così come accadeva ai protagonisti de *Il giardino segreto,* famoso romanzo della scrittrice anglo-americana Frances Hodgson Burnett, perché la natura è sempre terapeutica per l'anima umana ed è stata proprio la natura a curare le ferite e le paure che la riservata e solitaria Edith serbava nel suo cuore, come noi tutti del resto.

Quel magico mondo agreste purtroppo non potrà più tornare, oramai tutto è cambiato, non solo il panorama, ma anche la vita e le caratteristiche di allora. Il nostro oggi è così confuso, così precario, così parco di valori che sembra perdersi con frenesia nelle sue contraddizioni. Eppure, grazie ai due diari di Edith, che rappresentano un vero e proprio inno dell'amore che ella serbava per la natura e gli animali, abbiamo la preziosa possibilità di tornare indietro nel tempo ogni qualvolta lo desideriamo, di tuffarci anche noi nell'Inghilterra rurale del 1905 e del 1906 e vivere quel tempo, passeggiare assieme a lei, perderci in quei luoghi divini e vedere, grazie e con i suoi occhi, ciò che ci circondava.

Con questa biografia mi sono proposta di omaggiare degnamente la vita e le opere di questa straordinaria e sensibile artista inglese che ha lottato fino alla fine per i suoi sogni. La vita di Edith, apparentemente tranquilla, ma che in realtà celava talvolta inquietudine, amarezza e sofferenza – d'altronde le battaglie silenziose e interiori sono sempre le più cruente – rimane pressoché sconosciuta in Italia, anche se le sue opere sono tuttora ricordate con affetto e apprezzate da un vasto pubblico, soprattutto femminile.

Edith credeva fortemente nel potere della speranza e dovremmo cercare di crederci tutti noi. Ora più che mai è preziosa. Senza di essa tutto è perduto e le nostre vite non avrebbero più alcun senso. E rammentiamoci che fintanto che quel pacifico e magico mondo agreste di Edith Holden continuerà a essere letto, ricordato e immaginato, non sarà mai del tutto perduto.

I.

Una famiglia anticonformista

Settembre… forse il più bel mese dell'anno, in cui ai colori dei fiori si aggiungono quelli dei frutti che ora appaiono tra il fogliame[2].

Edith Blackwell Holden nacque nella stagione autunnale, il 26 settembre 1871 a Church Board, in una casa chiamata *Holly Green*, nella parrocchia di King's Norton a Moseley, un sobborgo situato a sud della città di Birmingham, nella contea delle West Midlands. Quest'ultima è una delle contee più verdi e belle d'Inghilterra. Il famoso scrittore John Ronald Reuel Tolkien trascorrerà alcuni anni proprio a Moseley, la quale sembra essere stata d'ispirazione per la quieta Contea e per il suggestivo paesaggio della Terra di Mezzo descritti nel suo romanzo fantasy-epico *Il Signore degli Anelli*. Questo splendido villaggio ha ispirato anche altri scrittori e continua tuttora a farlo.

Moseley si sviluppò attorno a una zona commerciale vittoriana conosciuta come Moseley Village. Dopo il 1910 il villaggio e le città circostanti, essendo state costruite sul vasto terreno agricolo predominante in questa zona, si svilupparono notevolmente. Le nuove proprietà erano per lo

---

2 Edith Holden, *Appunti sulla natura di una signora inglese del primo Novecento*, Mondadori, I edizione Libri illustrati, Milano 1989, p. 127.

più grandi case, progettate per soddisfare le esigenze delle famiglie della classe media edoardiana che si stabilirono nella periferia che circondava il centro industriale di Birmingham. Queste ampie case facevano spesso affidamento su almeno un domestico per aiutare la padrona a gestire la casa.

Blackwell, il secondo nome di Edith, le venne donato in onore della dottoressa Elizabeth Blackwell, nota per essere stata la prima donna a conseguire la laurea in Medicina negli Stati Uniti d'America. Elizabeth, che era anche una cugina della famiglia Holden (sembra del ramo paterno), fu una pioniera nel promuovere l'educazione e l'istruzione delle donne nel campo medico negli Stati Uniti e il movimento delle suffragette in America. Sua sorella Emily fu la terza donna a ottenere una laurea in Medicina, sempre negli Stati Uniti. All'epoca Elizabeth era più conosciuta nel Nuovo Mondo che in Inghilterra.

La scelta del nome parla da sola. Difatti la famiglia Holden sempre incoraggiò con fervore la lotta per la libertà individuale e per la difesa dei diritti femminili.

Edith fu la quartogenita di Arthur Holden e Emma Wearing. Erano sette fratelli in totale: Effie Margaret nata nel 1867, Winifred, detta Winnie, nata nel 1869 con una lieve deformità posteriore, Arthur Kenneth nel 1870, Edith nel 1871, Violet Mary nel 1873, Charles Bernard nel 1875 e infine Evelyn nel 1877.

Nel 1865, dopo la morte del padre, il trentenne Arthur lasciò la sua casa natale a Bristol e si trasferì a Birmingham. Questa scelta non fu affatto casuale. A partire dal XVIII secolo, Birmingham divenne uno dei maggiori centri industriali della Gran Bretagna. Durante l'epoca vittoriana, dopo la costruzione di ferrovie e canali, la città crebbe rapidamente fino ad arrivare a mezzo milione di abitanti, tanto che le venne addirittura assegnato l'appellativo di "città dai mille commerci", grazie alla fitta rete, oramai ben avviata, di piccole industrie locali.

Arrivato a Birmingham, Arthur trovò un socio in affari, il signor Sanders, e acquistò un'azienda di vernici, pitture e colori chiamata *Jeremiah Barrett and Company*, la quale stava vivendo alcune difficoltà finanziarie. Nel giro di tre anni Arthur ne divenne il proprietario assoluto. La sua posizione regalò indubbiamente agiatezza e comodità alla propria famiglia.

Gli Holden appartenevano alla chiesa Unitariana[3]. All'epoca, gli Unitariani erano poco tollerati ed erano sottoposti a rigidi e severi divieti; alcune leggi ne vietavano addirittura l'ingresso nelle università. Fortunatamente la città di Birmingham non imponeva tali restrizioni, per cui divenne una sorta di paradiso per i dissidenti politici. Non a caso Arthur scelse proprio Birmingham come città in cui vivere e prosperare.

Arthur era un uomo animato da forti ideali religiosi, sociali e politici, nonché un grande appassionato d'arte. Aveva idee molto liberali, tant'è che era un ammiratore di John Bright, un radicale parlamentare. Tuttavia, il suo pensiero religioso e le sue convinzioni politiche nascevano da un reale e concreto desiderio di aiutare i più deboli e i meno fortunati, dedicandosi con fervore alla beneficenza. A Birmingham c'erano anche gli schiavi e i poveri e per loro la città era tutto, fuorché un paradiso.

---

[3] L'Unitarianismo è un movimento religioso nato all'interno del Cristianesimo che rifiuta l'idea di Trinità. Questa comunità religiosa è devota a un Dio unico padre di un Gesù non divino, rifiuta la predestinazione, l'idea dell'Inferno e il Giudizio Universale ed enfatizza invece il valore del perdono e delle opere di solidarietà.

La religione di Arthur Holden si ispirava essenzialmente al socialismo.

Già prima di lasciare Bristol, Arthur si era sposato con Emma Wearing, sua coetanea. Emma era una ex governante, anche lei appartenente alla chiesa Unitariana. In gioventù Emma scrisse due libri religiosi intitolati *Beatrice of St. Mawse* e *Ursula's Childhood*, pubblicati rispettivamente nel 1864 e nel 1867 dalla *Società per la promozione della conoscenza cristiana.* Quest'ultima era la più antica organizzazione missionaria anglicana, nonché il principale editore e promotore di libri cristiani nel Regno Unito. Fu fondata nel marzo 1698 da Thomas Bray[4] e da un piccolo gruppo di amici, tra cui Lord Guilford, Sir Humphrey Mackworth, Justice Hooke e il colonnello Maynard Colchester. Essi ponevano l'accento soprattutto sulla creazione di scuole ecclesiastiche in tutta la Gran Bretagna.

Inizialmente Arthur ed Emma si trasferirono ad Aston, un villaggio a nord di Birmingham, ma con la graduale crescita della loro famiglia cambiarono dimora diverse volte.

Emma assunse una bambinaia di nome Rosamiah Gazey, chiamata amichevolmente "Rosanna", affinché le desse una mano nella cura dei suoi numerosi bambini. Rosanna li crebbe amorevolmente e con pazienza, tant'è che, anche quando i piccoli furono cresciuti, ella restò in famiglia come "la vecchia tata". Sembra che Rosanna avesse una particolare predilezione per Evelyn, la più piccola della famiglia.

Nel 1876, dopo la nascita di Charles, il sesto figlio, la famiglia Holden si trasferì in una casa molto più grande chiamata *The Elms* ad Acocks Green, un villaggio che distava

---

[4] Thomas Bray (1656 o 1658-1730) era un ecclesiastico e un abolizionista inglese.

solo poche miglia da Birmingham. Edith aveva cinque anni e riuscì a serbare ricordi di quella casa.

Le numerose e ravvicinate gravidanze indebolirono molto Emma, la cui salute divenne molto cagionevole. Inoltre, la figlia Evelyn era alquanto delicata ed erano tutti convinti che non sarebbe sopravvissuta.

A Emma fu affidata l'educazione dei figli perciò la sua esperienza come governante le fu molto cara e preziosa. Insegnò loro a leggere e a scrivere. Grazie ai suoi insegnamenti, i bambini iniziarono precocemente ad appassionarsi di giardinaggio, di botanica, di zoologia, di poesia e di letteratura. Quest'ultima, in particolar modo, non fu mai una fatica per le ragazze, ma un piacere e vi si dedicarono con grande gioia ed entusiasmo.

In casa c'erano tantissimi libri, soprattutto di poesia, sia di autori classici che moderni.

I bambini adoravano fare lunghe camminate in mezzo alla natura e questo passatempo era pienamente condiviso anche dai genitori. Arthur adorava passeggiare e inoltrarsi nella campagna ed era anche un grande conoscitore di animali, in particolare uccelli, e di piante selvatiche. Emma purtroppo non sempre aveva le forze necessarie per accompagnarli, così i bambini di ritorno dalle loro incursioni campestri sovente le portavano a casa un bel mazzo di fiori colorati per rallegrarla. Emma adorava tutti i tipi di fiori e questa sua profonda passione fu trasmessa anche alle figlie.

Arthur fu molto attivo nella vita pubblica di Birmingham. La sua fabbrica crebbe e divenne sempre più importante nel corso del tempo. Coloro che lavorarono con lui, lo ricordavano come un vero gentiluomo, un uomo attivo, tollerante e molto rispettoso dei suoi quarantatré dipendenti.

Quando Edith aveva due anni, Arthur fu eletto assessore presso il Consiglio comunale: un incarico prestigioso che era considerato un grande onore. Durante il suo servizio, egli lavorò a stretto contatto con Joseph Chamberlain[5], sindaco di Birmingham, il quale portò notevoli migliorie nella vita cittadina, come ad esempio l'introduzione di acqua e gas all'interno nelle case. Entrambi erano Unitariani, liberali e devoti alla chiesa laburista di Birmingham in Hurst Street. Per un certo periodo, Arthur partecipò anche al partito Liberale di Chamberlain, ma poi lo abbandonò. Faceva anche parte della *Central Literary Association*, presso cui rimase membro per tutta la vita; vi lavorò anche come segretario, presidente e editore della rivista.

Edith Holden fu certamente influenzata dall'attivo e fervido ambiente intellettuale in cui era cresciuta. Sia Arthur che Emma incoraggiavano i figli a seguire le proprie inclinazioni naturali e a sviluppare liberamente il proprio talento artistico. Non a caso, tutti i figli divennero artisti, illustratori e pittori, e anche le generazioni successive. Avevano tutti l'arte nel sangue.

> Sullo sfondo di questo bagaglio culturale, non sorprende affatto che i bambini, soprattutto le ragazze, possedessero una conoscenza generale e una sensibilità maggiore di quella dei loro coetanei[6].

Con l'espansione della città di Birmingham aumentarono il caos e il traffico e di conseguenza diminuì la quiete. Così nel 1880 la famiglia Holden decide di trasferirsi a Darley

---

[5] Joseph Chamberlain (1836-1914) era un politico britannico. Liberale e radicale, tuttavia come unionista si impegnò affinché l'Irlanda rimanesse nel Regno Unito.

[6] Ina Taylor, *The Edwardian Lady. The Story of Edith Holden*, Michael Joseph/Webb &Bower, London 1980, p. 24. (La traduzione è mia).

Green, un tranquillo paese presso Packwood, a più di quindici miglia da Birmingham.

La loro abitazione si chiamava Troutbeck. Si trattava di un'imponente e bellissima villa, recentemente costruita, circondata da ampi giardini che conducevano a un piccolo ruscello affluente della bellissima riserva naturale di Cuttle Brook. Un vero paradiso in mezzo alla natura, perfetto per loro.

Quando si ammalò, Emma trovò grande ristoro in quei magnifici giardini, per non parlare dei bambini che vi potevano giocare liberamente. Accanto e dietro la casa si estendevano campi in cui pascolavano liberamente pecore e mucche.

Darley Green era un paese molto piccolo ed era sotto l'influenza di Packwood House, i cui proprietari erano la famiglia Oakes Ash. Edith Holden in futuro citerà spesso Packwood House nelle sue opere.

Nel giardino di Packwood Hall, adiacente al cimitero, le aiuole erano piene di bianchi ciuffi di Bucaneve. Ne ho raccolto un gran mazzo[7].

Bellissimo pomeriggio assolato: ho camminato fin'oltre Hockly Heath, passando al ritorno da Lapworth e Packwood [...] In molti punti i cespugli di mirtilli sono in piena fioritura. Tornando a casa sono stata colpita dal colore degli amenti dell'Ontano che ardevano in superbe masse scarlatte ai raggi del sole cadente[8].

---

[7] Edith Holden, *Diario di campagna di una signora inglese del primo Novecento*, Mondadori, Milano 2001, traduzione di Gina Bosisio, p. 18.
[8] Edith Holden, *Appunti sulla natura di una signora inglese del primo Novecento*, Mondadori, I edizione Libri illustrati, Milano 1989, p. 28.

La storia di Packwood House è molto interessante. In origine era un'antica fattoria in stile Tudor. Acquistata intorno al 1570 dai Fetherston, una famiglia di agricoltori, nei secoli successivi Packwood House si ingrandì notevolmente, divenendo sempre più incantevole. Nel XIX secolo, la tenuta fu venduta a George Oakes Arton, un avvocato di Birmingham. Nel 1904 l'industriale Alfred Ash acquistò all'asta Packwood House. Disse che l'aveva comperata per esaudire il desiderio del figlio Graham Baron Ash, chiamato Baron Ash. Quest'ultimo diverrà il meticoloso restauratore, arredatore e decoratore di Packwood House, dando maggior risalto alla splendido parco e ai mistici giardini della tenuta. Sarà proprio lui a donarla nel 1941 al National Trust del Regno Unito[9] in memoria dei suoi genitori.

C'era solo una breve passeggiata da fare per arrivare da Troutbeck fino al parco e le ragazze vi si recavano spesso in compagnia della madre. Più di tutto, Edith adorava lo stagno dei pesci a Packwood House, dove anni più tardi, nel mese di luglio, annoterà le sue impressioni nel suo diario di campagna del 1906.

> In un campo di grano ho visto molti Papaveri: i grandi fiori rossi e porporini formavano vivaci chiazze di colore tra il verde dell'erba. Mi hanno dato una bella Ninfea dello stagno di Packwood House[10].

Nella zona c'erano numerose fattorie e Edith ci andava spesso. Per lei erano un'attrazione irresistibile, perché

---

[9] Il *National Trust for Places of Historic Interest or Natural Beauty* è un'organizzazione volta alla conservazione e alla protezione dell'eredità storica e naturale di Inghilterra, Galles e Irlanda del Nord.
[10] Edith Holden, *Diario di campagna di una signora inglese del primo Novecento*, Mondadori, Milano 2001, traduzione di Gina Bosisio, p. 91.

adorava tutti gli animali e inoltre le piaceva osservare i cuccioli di animali appena nati.

Il contadino che abita lì, ha portato fuori un agnellino per mostrarmelo: era uno dei tre nati quella mattina stessa. L'ho preso in braccio e non dava l'impressione di aver paura, anzi spingeva la testina nera contro il mio viso[11].

Il contadino menzionato pocanzi si chiamava Edward Tallis e incontrerà spesso Edith grazie alle sue regolari visite.

Edith adorava visitare anche Packwood Hall: era dotata di un fascino antico e medievale.

I due figli maschi, Kenneth e Bernard, in previsione della loro futura entrata nel mondo degli affari, ossia nell'azienda del padre, vennero mandati a scuola, mentre le cinque ragazze continuarono a essere istruite a casa dalla madre. Studiavano storia, francese, grammatica tedesca, musica e disegno. Quando Emma stava male, la gestione della casa e le lezioni delle più piccole ricadevano interamente sulle spalle delle sorelle maggiori. Winnie, in particolare, paziente e dotata di un grande spirito pratico, si occupò della casa e dell'educazione delle sorelline.

Durante la sua malattia, Emma trovava molto conforto nella sua religione. Sia lei che Arthur credevano fermamente nello spiritismo. Emma era convinta di essere in possesso di particolari poteri psichici, con i quali era in grado di mettersi in contatto e ricevere messaggi dall'altro mondo. Spesso praticava la psicografia o scrittura automatica, ossia scriveva liberamente qualsiasi pensiero inconsapevole le venisse in mente. Arthur d'altro canto era convinto che solo le menti

---

11 *Ibidem*, p. 18.

geniali fossero maggiormente recettive nel ricordare pensieri e nel trasmettere messaggi in un mondo altrove.

Nel 1884 la zia Anna, sorella di suo padre e moglie di Charles Townsend, che abitava a Stoke Bishop, vicino Bristol, invitò una delle ragazze affinché si trasferisse da lei per alleggerire il carico della propria famiglia. Decise di andare la primogenita Effie, mentre la tredicenne Edith entrò nella Birmingham School of Art, una delle migliori scuole provinciali della nazione. Fondata nel 1843 da George Wallis[12], nel 1877 la scuola fu ampliata sul progetto dell'architetto J.H. Chamberlain[13] e nel 1885 divenne la prima scuola d'arte comunale del Regno Unito. In seguito, divenne il principale centro per il movimento *Arts and Crafts*[14].

Edith aveva una grande passione per il disegno e aveva insistito affinché i genitori le concedessero il permesso di frequentare quella scuola. Avendo personalmente constatato il suo precoce e incredibile talento, i genitori non poterono rifiutare la sua accorata richiesta. Edith iniziò a frequentare le lezioni tre mattine a settimana e alla fine superò brillantemente gli esami con un "Eccellente", la votazione

---

[12] George Wallis (1811-1891) era un artista, un educatore artistico e un curatore di musei. Divenne preside della Birmingham School of Art dal 1852 al 1858.

[13] John Henry Chamberlain (1831-1883) era un architetto che ha lavorato prevalentemente nello stile gotico vittoriano, influenzato dal movimento artistico *Arts and Crafts*.

[14] *Arts and Crafts* (*Arti e Mestieri*) è stato un movimento internazionale nel campo delle arti decorative e delle belle arti. Iniziò in Gran Bretagna, in seguito fiorì anche in Europa, in Nord America e in Giappone. Rappresentava l'artigianato tradizionale con forme semplici e spesso utilizzava stili di decorazione medievali, romantici e popolari. Questo movimento sosteneva la riforma economica e sociale ed era essenzialmente antindustriale. Ha avuto una grandissima influenza sull'arte europea.

più alta. Questa scuola venne frequentata in seguito anche dalle sorelle Violet ed Evelyn.

Durante il primo anno di corso di Edith, la scuola ricevette l'onore della visita di Edward Burne-Jones. Egli era il Presidente della *Royal Birmingham Society of Artists* e aveva intenzione di fermarsi nella sua città natale per alcuni giorni. Sembra che Edith sia stata molto influenzata dalla sua visita e dalla sua arte.

Ma dei cambiamenti erano in arrivo. La malattia di Emma e la distanza dalla ferrovia resero più complicati i viaggi di Arthur, così la famiglia Holden decise di trasferirsi nuovamente per la terza volta, serbando per sempre nel cuore i loro felici e spensierati ricordi a Troutbeck.

Elizabeth Blackwell.

II.

Amata Scozia

La luce che si rifletteva sulla cima delle colline orientali era splendente, con tutte le sfumature dell'oro, del rosso e del bruno, che si andavano incupendo nelle ombre purpuree e grigie ai piedi delle montagne. Una strana polvere bruno-dorata ricopriva tutta la superficie del lago; abbiamo pensato che si trattasse di polline di Erica che si diffondeva scendendo dalle colline[15].

Nel 1890 la famiglia Holden si trasferì a Gowan Bank, situata a Kingswood, al numero 15 di Kineton Green Road. Gowan Bank era un'antica casa costruita in un elegante stile vittoriano, molto più grande e spaziosa di Troutbeck e con giardini molto più ampi. Il termine ha un significato particolare. "Gowan" è un termine scozzese che significa "margherita". Venne usato anche dal poeta e compositore scozzese Robert Burns nella sua canzone tradizionale inglese intitolata *Auld Lang Syne,* nota in Italia come *Il valzer delle candele* o *Il canto d'addio.*

Kingswood era un piccolo villaggio che distava circa sedici miglia da Birmingham. Nonostante questa distanza, la

---

15 Edith Holden, *Diario di campagna di una signora inglese del primo Novecento,* Mondadori, Milano 2001, traduzione di Gina Bosisio, p. 125.

stazione ferroviaria era notevolmente vicina a Gowan Bank e ciò agevolava i viaggi di Arthur.

Edith, ormai diciannovenne, poco dopo l'arrivo a Kingswood fu deliziata da una lieta notizia. Infatti, un suo disegno, il suo primo disegno, intitolato *A Cosy Quartette* era stato accettato nella mostra autunnale della prestigiosa *Royal Birmingham Society of Artists*.

Intanto Edith seguitava a frequentare con profitto la scuola d'arte. Si specializzò nella pittura di animali e piante, poiché fin da piccola era sempre stata affascinata dalla vita selvaggia e dall'innocenza e purezza degli animali.

Al termine degli studi, ormai ventenne, i suoi docenti le suggerirono di prendere lezioni da Joseph Denovan Adam, un artista scozzese noto per i suoi dipinti di animali. Egli aveva studiato arte a Londra, poi era ritornato in Scozia e aveva allestito un suo studio e una scuola d'arte presso la sua abitazione a Craigmill, poco distante da Stirling, una città nel centro della Scozia. Il luogo era veramente suggestivo, con campi a perdita d'occhio, allegri ruscelli, antichi cottage e affascinanti castelli, e richiamava costantemente la presenza di artisti locali.

Denovan solitamente prendeva con sé circa venticinque studenti, la maggior parte dei quali alloggiava nelle vicinanze, mentre un piccolo numero che abitava più lontano risiedeva presso la sua abitazione, assieme a sua moglie e ai suoi figli. Edith faceva parte di questi ultimi.

Nell'agosto del 1891, per la prima volta nella sua giovane vita, Edith salutò la famiglia e la sua casa. Non aveva mai vissuto lontano da loro per un periodo così lungo prima d'ora e il distacco non fu semplice. Già da questo viaggio si evince quanto Edith fosse una donna molto emancipata per l'epoca.

Royal Birmingham Society of Artists, 1829 circa.

Suo padre l'accompagnò durante il viaggio in treno fino in Scozia. Il selvaggio paesaggio scozzese la impressionò tantissimo. Nonostante la nostalgia di casa, Edith si trovò bene presso la scuola d'arte di Denovan. Era affascinata dai numerosi e vari animali che pascolavano liberamente per i campi circostanti. Gli studenti venivano caldamente incoraggiati da Denovan ad avvicinarsi a loro, per studiarli attentamente da vicino senza alcuna paura. Ogni giorno veniva scelto un differente animale come soggetto da ritrarre e dipingere e, nel caso di cattivo tempo, piuttosto frequente in Scozia, gli allievi potevano tranquillamente continuare il loro lavoro, poiché il loro studio di fronte alla casa era stato costruito appositamente con delle luminose vetrate ai lati.

31

Denovan ripeteva continuamente ai suoi studenti di non aver timore degli animali perché erano loro amici. Grazie alla saggezza del suo insegnante, Edith superò la sua iniziale timidezza e il suo approccio con gli animali divenne sempre più sicuro. Denovan apprezzò molto i suoi notevoli progressi e scorse subito il talento artistico in quella solitaria e sensibile giovane.

Edith adorava la Scozia, con le sue brughiere ricolme d'erica profumata e colorata e i suoi castelli medievali. Visitò il famoso castello medievale di Stirling, uno dei più grandi manieri della Scozia e dell'Europa Occidentale, che sorge su una scoscesa rocca vulcanica, noto per essere stato la residenza degli Stuart. Al suo interno, il 9 settembre 1543 vi fu incoronata l'amata regina Maria Stuarda. Edith passeggiò diverse volte per Craig Abbey, sulla cui collina si trova il Monumento Wallace, una torre del XIX secolo affacciata sul luogo della battaglia di Stirling Bridge del 1297, quando William Wallace sconfisse gli inglesi, durante le guerre di indipendenza scozzesi.

Edith si trovò molto bene presso la famiglia del suo maestro, tant'è che fece addirittura amicizia con il figlioletto, Denovan Junior.

> Il ragazzo fu malato per un certo periodo di tempo e Edith gli prestò sempre una speciale attenzione. Sedeva accanto a lui e gli narrava delle storie, o portava a casa dalle sue escursioni oggetti che pensava gli potessero particolarmente interessare...[16]

---

[16] Ina Taylor, *The Edwardian Lady. The Story of Edith Holden*, Michael Joseph/Webb &Bower, London 1980, p. 48. (La traduzione è mia).

Quando Denovan Junior a un certo punto se andò da Craigmill per curarsi, Edith diede al suo maestro allegre note scritte da lei stessa, accompagnate da alcuni suoi disegni umoristici, da consegnare al figlio quando andava a trovarlo. Qui emerge in tutta la sua potenza la profonda sensibilità e l'immensa l'umanità di Edith. Un animo puro sa sempre come avvicinarsi e comprendere il cuore dei più piccoli.

Durante il suo soggiorno in Scozia, Edith restò sempre in contatto con la sua famiglia. Scrisse entusiasmanti lettere e mandò loro diverse cartoline. A volte inviava loro anche dei profumati mazzetti di erica purpurea, dono particolarmente gradito alle sue sorelle.

Edith restò in Scozia per un anno intero. Nell'agosto dell'anno successivo suo padre Arthur tornò a prenderla per riportarla a casa.

Sentimenti contrastanti invasero la giovane. Era contenta di rivedere la sua famiglia e la sua casa, ma le dispiaceva lasciare quel luogo dove aveva imparato tanto, gli animali che erano diventati suoi amici e la famiglia Adam con la quale si era trovata subito a suo agio.

La selvaggia Scozia rimase impressa a fuoco nel suo cuore per tutta la vita, influenzando profondamente la sua arte e le sue opere future. Inoltre, Edith seguitò sempre a farvi visite annuali e si tenne sempre in contatto con il suo maestro.

Denovan Junior non dimenticò mai le particolari e delicate attenzioni che Edith gli aveva riservato, difatti continuò sempre a scrivere alla famiglia Holden.

Mentre Edith era in Scozia, sua sorella Effie andò a studiare il movimento *Arts and Crafts* in Svezia, dove conobbe l'artista Carl Heath, che nel 1900 diverrà suo marito. Evelyn e Violet invece frequentarono la stessa scuola d'arte di Edith. Diverranno entrambe illustratrici di grande successo.

A Gowan Bank c'era sempre molto fermento. La famiglia Holden offriva spesso ospitalità a visitatori occasionali e ai socialisti che si recavano a Birmingham. Nel loro bel giardino utilizzavano una cappella abbandonata ove vi allestivano sovente degli spettacoli teatrali amatoriali ai quali partecipavano con molto entusiasmo Kenneth e Bernard, i due fratelli di Edith, assieme ad Arthur e Edith Matthison.

Arthur Matthison si era unito alla direzione della fabbrica di Arthur a Bradford Street, ora ribattezzata *Arthur Holden and Sons*, mentre la sorella Edith, che in futuro diverrà un'attrice professionista, era un'amica di Edith Holden. Si erano conosciute presso la scuola d'arte di Birmingham e si vedevano spesso durante gli annuali picnic e i frequenti eventi sociali, letterari, musicali e teatrali organizzati dalla famiglia Holden.

III.

La natura: un rifugio sicuro

All'orizzonte magnifiche nubi di porpora e d'oro in un limpido cielo dorato. Mentre stavamo guardandole, un Falco ha spiccato il volo all'improvviso verso il mare d'oro, al di sopra del sole che tramontava, ed è rimasto immobile, librandosi a lungo sulle ali, poi, improvvisamente, si è tuffato nelle ombre porporine del bosco sottostante[17].

Un nuovo trasferimento era nell'aria. Arthur Holden aveva ormai sessantuno anni, stava invecchiando e riteneva opportuno trovare una dimora più dimessa e confortevole. Così nel 1897 la famiglia si trasferì a Dorridge, a poche miglia da Kingswood, in una piccola casa moderna chiamata *Woodside*, al margine di Dorridge Wood. Anche questa zona era immersa nella campagna e la stazione ferroviaria era vicina.

Intanto la delicata salute della moglie Emma era peggiorata. Quando stava meglio e il clima lo permetteva, amava sedere in giardino ammirando i suoi amati e colorati fiori. Soprattutto Winnie, che le teneva compagnia e la

[17] Edith Holden, *Diario di campagna di una signora inglese del primo Novecento*, Mondadori, Milano 2001, traduzione di Gina Bosisio, p. 49.

aiutava con la gestione pratica della casa, fu di particolare conforto per lei.

Dopo il soggiorno in Scozia, Edith tornò a dipingere e a ritrarre i suoi amati animali, concentrandosi soprattutto su cani e cavalli. Produsse ben quattro opere per le esibizioni della *Royal Birmingham Society of Artists*.

> Ho preso la mia scatola di colori e una tela e sono andata a fare uno schizzo del Leather Tor e della brughiera coi ponies [...] Fatta una lunghissima passeggiata oltre la torbiera in cerca dei ponies; qui ve n'erano circa una mezza dozzina al pascolo tra il Ginestrone sulla brughiera che scende fino al lago Burrator. Erano tutti di diverso colore, dal nero al castano chiaro. Un puledrino di una settimana con mantello color topo continuava a correre in cerchio attorno alla madre saltando come un agnello[18].

Ogni anno ritornava nella mai dimenticata Scozia e andava trovare la signora Adam e il figlio, i quali dopo la morte del signor Adam si erano trasferiti a Edimburgo. Edith vi restava solitamente per sei settimane; la chiamava "vacanza" ma in realtà per lei erano giorni di intenso lavoro, poiché disegnava e dipingeva senza sosta.

Nell'Esibizione del 1897 espose cinque sue opere, notevolmente influenzate dal suo maestro Denovan Adam: *A Moorland Road, Callander, Perthshire, March Morning: Stirlingshire* e *Pertshire Highlanders*.

Nel frattempo, Arthur era molto impegnato nel lavoro sociale presso la Birmingham Labour Church. Tale chiesa aveva creato un'organizzazione chiamata *Cinderella Club*, che aiutava i bambini poveri della città.

---

[18] Edith Holden, *Appunti sulla natura di una signora inglese del primo Novecento*, Mondadori, I edizione Libri illustrati, Milano 1989, pp. 65-68.

Questa organizzazione dichiarò che il suo lavoro e la sua missione era quella di portare felicità nelle vite dei bambini delle povere famiglie, e di provare loro che essi potevano star meglio di quanto credessero, e di comprenderli e amarli allo stesso tempo[19].

Molti furono gli organismi di beneficenza che sorsero nell'età vittoriana per aiutare i più bisognosi.

Il *Cinderella Club* fu fondato nel 1891 da John Trevor a Manchester. Sostenuto dal socialismo cristiano, esso era nato come reazione all'opera fallimentare delle chiese tradizionali nell'aiutare e nel sostenere le classi lavoratrici. Sembra che l'idea di questi club abbia avuto origine dal giornalista Robert Blatchford. Secondo il "Leeds Mercury" del 18 aprile 1890, queste organizzazioni gettarono un'occasionale raggio di luce e di allegria sulle vite dei bambini soggetti alla povertà.

Tali organismi ebbero uno straordinario successo. Purtroppo, le famiglie povere erano numerosissime e pasti e bevande non erano sufficienti per tutti; vi era una sorta di selezione tra i poveri, perciò non tutti poterono usufruire della generosità dei benefattori.

Ai bambini, solitamente dai sei ai dodici anni, venivano fornite cena e intrattenimento una volta alla settimana. Il programma stabilito era il seguente: alle 19.30 arrivavano i bambini, ai quali erano offerti panini, zuppa e tazze di cioccolata calda, il tutto accompagnato da giochi e letture di libri, soprattutto fiabe; alle 20.45 ricevevano nuovamente un panino, una buona tazza di cioccolata e una mela prima di ritornare a casa. Spesso erano organizzate anche escursioni e feste, soprattutto in occasione del Natale e in estate, per

---

[19] Ina Taylor, *The Edwardian Lady. The Story of Edith Holden*, Michael Joseph/Webb &Bower, London 1980, p. 81. (La traduzione è mia).

raccogliere fondi e denaro. In seguito, furono proposti anche dei piccoli lavori da svolgere in campagna assistiti da uno staff per due settimane, durante le quali i bambini potevano godere dell'aria aperta e stare tranquillamente a contatto con la natura e gli animali.

Arthur credeva fermamente nei benefici di questo progetto e vi si dedicò con passione. Questi lavori all'aria aperta mi fanno inevitabilmente tornare alla mente Mary Lennox, Dickon Sowerby e Colin Craven, i tre indimenticabili personaggi de *Il giardino segreto* di Frances Hodgson Burnett. Come la Burnett, in netto contrasto con le idee pedagogiche dell'epoca, anche Arthur considerava la vita in campagna e il giardinaggio come attività terapeutiche e salutari, sia dal punto di vista fisico che psicologico.

Uno dei principali organizzatori di questo progetto, nonché collaboratore di Arthur, fu Frank Matthews, un amico di Kenneth Holden. I due giovani si erano conosciuti durante un viaggio in treno verso il Galles e, visti i comuni interessi filantropici, avevano subito stretto amicizia.

Sotto la direzione di Frank, nel 1897 fu inoltre istituito *The Hurst Street Mission*, chiamato poi nel 1900 *Cripples' Union*, ossia una sorta di ramificazione del *Cinderella Club*, che mirava principalmente al benessere psicofisico dei bambini invalidi.

Nel 1900 venne acquistata Chadwick End[20], un tipico cottage inglese che divenne una casa di convalescenza per i bambini affetti da invalidità o bisognosi di riabilitazione, totalmente immersa nella natura, lontano dal caos cittadino.

---

[20] Il termine "Chadwick" significa "fattoria vicino a una sorgente". Chadwick End è un villaggio che si trova a circa sei miglia a sud-est del centro di Solihull, in Inghilterra.

Si pensava che il contatto diretto con la natura giovasse alla salute di chiunque, specialmente dei più deboli e malati.

Anche le sorelle Holden si interessarono molto al progetto: oltre a inviare donazioni, Evelyn mandava settimanalmente dei bei fiori raccolti nel loro giardino per rallegrare i bambini. Vennero disegnate anche delle cartoline raffiguranti Chadwick End e i bambini.

Frank e Evelyn divennero molto amici, tanto che gradualmente si innamorarono. Nell'ottobre del 1902 i due si fidanzarono ufficialmente. La famiglia Holden tuttavia non fu molto lieta della notizia di questo fidanzamento. Arthur ed Emma ammiravano profondamente il lavoro e l'impegno filantropico di Frank, ma pensavano che Evelyn necessitasse di particolari e delicate attenzioni che Frank non era in grado di offrirle. Consideravano Evelyn non solo come la figlia più artisticamente dotata della famiglia, ma anche come la più delicata dal punto di vista fisico. Al contrario di Evelyn, Edith sembra non destasse particolari preoccupazioni in famiglia dal punto di vista fisico. Da notare che durante le sue escursioni campestri talvolta capitavano anche piccole disavventure o imprevisti climatici.

> Per tornare a casa ho percorso sette miglia sotto una tempesta di neve e acqua mista a grandine[21].

Arthur, tuttavia, non vi trovava niente di strano nella "presunta" delicatezza fisica di Evelyn, perché credeva fermamente che le persone più sensibili e artistiche fossero anche le più cagionevoli di salute. Il vero genio per lui era un dono prezioso e come tale era accompagnato anche

---

21 Edith Holden, *Diario di campagna di una signora inglese del primo Novecento*, Mondadori, Milano 2001, traduzione di Gina Bosisio, p. 18.

dall'inevitabile sofferenza. Ironicamente sarà proprio Evelyn la sorella più longeva che sopravvivrà a tutti i suoi familiari.

Inoltre, sembra che la famiglia non gradisse il fatto che Frank fosse vegetariano.

Tuttavia, alla fine il matrimonio avvenne. Evelyn e Frank si sposarono nell'aprile del 1904 a Newhall Hill Chapel a Birmingham, con una cerimonia molto semplice, senza abito nuziale bianco perché la madre Emma non stava molto bene.

Rosanna, la vecchia e fedele tata delle sorelle Holden, andò ad abitare con Evelyn nella vicina Bournville, cittadina a sud di Birmingham. Da sempre affezionatissima a Evelyn fin dall'infanzia, fu molto felice di continuare a vegliare su di lei.

In assenza di Rosanna, furono Edith e Winnie ad assistere la madre. Leggevano per lei e raccoglievano fiori dal giardino per rallegrarla, ma Emma purtroppo stava sempre peggio. Oramai non usciva più dalla sua camera al piano superiore. I suoi ultimi mesi di vita furono molto dolorosi e tristi. La malattia, lenta e dolorante, non le lasciò scampo. Morì il 17 maggio 1904, poco dopo il matrimonio di Evelyn e Frank, all'età di sessantotto anni, a causa dell'infelice combinazione tra una malattia epatica e un terribile cancro al seno.

L'intera famiglia Holden fu devastata da questa dolorosa morte. Emma era il fulcro e il cuore pulsante dell'unione della famiglia. Ma ben presto tutti trovarono conforto nell'idea che, in qualche maniera, Emma potesse ancora comunicare con loro dall'oltretomba, attraverso la figlia Winnie tramite la psicografia o scrittura automatica. Sia Arthur che Emma erano fortemente spiritualisti e, già prima della morte di Emma, praticavano in casa ogni settimana assieme ad amici e medium delle sedute spiritiche con lo scopo di comunicare con i defunti a loro cari. Anche Edith e

40

le sue sorelle assistevano a queste sedute. Edith sosteneva con forte convinzione che il suo Spirito guida fosse la speranza. Effie era la più coinvolta spiritualmente e sembra che la sua ispirazione poetica traesse grande giovamento da queste sedute. Evelyn invece era diffidente e preferiva tenersi in disparte perché ne era spaventata.

Nel frattempo, il lavoro di Arthur stava attraversando tempi difficili. L'espansione e la crescita della fabbrica comportò la necessità di un maggior capitale. Per far fronte a ciò, Arthur sottoscrisse un debito con un amico, ma questi disgraziatamente fallì. Negli anni seguenti la fabbrica iniziò a soffrire finanziariamente. Gli azionisti volevano congedare Arthur poiché ritenuto oramai troppo anziano. Ciò scisse totalmente la famiglia Holden: Kenneth difese il padre, mentre Bernard si unì ad Arthur Matthison e Max Sturge, che premevano per il licenziamento di Arthur. Le sorelle Holden furono messe loro malgrado in una difficile e scomoda posizione, dovendo obbligatoriamente scegliere tra il padre e il fratello. Edith si unì al padre e al fratello Kenneth, mentre Violet ed Evelyn presero le parti di Bernard.

La famiglia Holden era sempre restata unita in ogni occasione, e ora si stava irrimediabilmente disgregando. La morte della madre e i problemi finanziari avevano provocato la scissione della loro famiglia. Edith, sensibile e introversa, risentì molto dello stress della situazione, ma tentò di reagire concentrandosi ancora più vigorosamente nei suoi dipinti e nei suoi disegni per le esibizioni. L'arte e la natura le offrivano sempre protezione e una via di fuga dai feroci artigli della realtà. Sono proprio le nostre passioni a salvarci nei momenti peggiori della nostra vita. La natura resterà per sempre il rifugio segreto di Edith, il suo porto sicuro e Edith non la tradirà mai. Le sarà sempre fedele, sino alla morte.

IV.

Le misteriose brughiere di Dartmoor e gli appunti sulla natura (1905)

Nel pomeriggio sono arrivata fino alla brughiera a prendere un pony e un puledro. Sono entrambi deliziosamente aggraziati, col loro ispido mantello invernale, e spero di cominciare a ritrarli domani mattina. Lassù, in cima alla brughiera, il mondo sembrava fatto di cielo e di ginestre: chilometri di fiori dorati e profumati sotto un cielo azzurro e limpido. Ho visto due farfalle Megera che svolazzavano ondeggiando nella luce del sole[22].

Già dal 1902 Edith era solita prendersi delle vacanze per immergersi totalmente nella pittura a Dartmoor, un luogo a lei molto caro, che aveva imparato a conoscere bene dai regolari soggiorni che la sua famiglia effettuava sempre per le vacanze nel Galles del Nord. Dartmoor è un altopiano situato nella contea inglese del Devon, in Cornovaglia, completamente attraversato da brughiere profumate e selvagge, da dolci vallate e da Tor[23] in granito. Era un luogo incantato e solitario, sul quale inoltre circolavano numerose e

---

[22] Edith Holden, *Diario di campagna di una signora inglese del primo Novecento*, Mondadori, Milano 2001, traduzione di Gina Bosisio, p. 39.
[23] Affioramenti rocciosi, in genere formati da rocce metamorfiche o da rocce ignee.

spaventose leggende. Si pensava infatti che Dartmoor fosse il ritrovo dei folletti e di un misterioso cavaliere errante senza testa, e che le sue affascinanti brughiere di notte fossero infestate da un'enorme creatura nera e pelosa conosciuta come la "Bestia di Dartmoor", probabilmente una variazione della nota leggenda inglese del "Cane nero"[24]. E non solo. Ci sono molte altre storie di fantasmi, come quella legata alla tomba di Jay[25], una giovane donna morta suicida nel XVIII e sepolta all'incrocio di due strade poiché ai suicidi all'epoca erano negati i riti di una regolare sepoltura cristiana. Sulla sua tomba, quotidianamente ricoperta da fiori freschi e da offerte votive, giurano di aver avvistato di notte strane luci e misteriose figure inginocchiate a essa.

C'è anche la leggenda della tomba di Childe[26], ossia una croce di granito, una delle più elaborate croci di Dartmoor, seppur non più nella sua forma originaria, in quanto venne distrutta nel 1812 e parzialmente ricostruita solo nel 1890.

---

[24] La leggenda del "Cane nero" (in inglese "Black Dog") è molto diffusa in tutto il Regno Unito. Il Cane nero è descritto come un essere soprannaturale, che assume la forma di un enorme cane con occhi fiammeggianti e pelo irsuto, dal colore nero o verde fosforescente. Sono ritenuti messaggeri dell'oltretomba, quindi incontrarli anche solo di sfuggita o sentire lo scalpiccio dei suoi passi è un cattivo presagio e indicherebbe che la propria fine è vicina. A seconda delle zone, il Cane nero è conosciuto con nomi diversi (Gytrash, Padfoot, Black Shucks).

[25] Esistono diverse versioni di questa storia. Sembra che la donna si chiamasse Anne Jay (o Kitty Jay) e che lavorasse come cameriera presso una fattoria. La giovane si impiccò da sola a una trave del fienile. Alcuni pensano che si sia uccisa per motivi passionali.

[26] La leggenda narra che nel 1630 circa un ricco cacciatore di nome Childe si perse nella brughiera durante una tormenta di neve e qui vi morì. Sembra che prima di morire avesse scritto un biglietto secondo il quale chi avesse trovato e seppellito il suo corpo avrebbe di conseguenza ereditato tutti i suoi terreni.

Questa tomba era dotata di una base a gradoni ed era anche una camera sepolcrale.

Fin dall'inizio del XX secolo nacquero anche altre leggende, come quella di "Mani pelose", un fantasma composto solo da un paio di mani slegate dal corpo che si divertirebbe ad attaccare gli automobilisti e i motociclisti che circolano per la strada tra Postbridge e Two Bridges, inducendoli violentemente ad andare fuoristrada. Nel corso degli anni, strani e inspiegabili incidenti sono stati segnalati in quel particolare tratto di strada[27].

Nel 1901, lo scrittore Arthur Conan Doyle[28] ambientò proprio nella brughiera di Dartmoor il suo libro *Sherlock Holmes: Il mastino dei Baskerville*, una delle più inquietanti avventure vissute dal famoso detective nato dalla sua penna.

Anche la sua storia è interessante. Il 21 ottobre del 1638 ebbe luogo a Dartmoor il cosiddetto "Grande temporale",

---

[27] Il signor E. H. Helby, medico ufficiale della Prigione di Dartmoor morì nel giugno 1921. La sua automobile venne sbalzata violentemente a un lato di quella strada. Le sue due figlie, che erano con lui, rimasero fortunatamente illese. Alcune settimane dopo la morte del dottor Helby, sempre in quel tratto stradale, una vettura perse il controllo arrecando danni a diversi passeggeri, alcuni dei quali vennero letteralmente sbalzati fuori dai loro sedili. Il 26 agosto 1921 un capitano d'esercito disse di aver notato due mani invisibili che gli spostavano il manubrio della motocicletta sino a farlo finire fuori strada. La storia giunse sino a Londra e divenne un caso di cronaca nazionale. Il giornalista e scrittore Rufus Endle raccontò che mentre guidava presso Postbridge, "un paio di mani si aggrapparono alle ruote e dovetti lottare per mantenere il controllo". Riuscì ad evitare la collisione e le mani scomparvero inesplicabilmente così come erano arrivate. Nel 1924 una donna che si era accampata con il marito nella brughiera dichiarò di aver visto delle mani che tentavano di accedere alla loro roulotte durante la notte. Disse anche che le mani scomparvero dopo che ella si fu fatta il segno della croce.

[28] Arthur Conan Doyle (1859-1930) fu uno scrittore e drammaturgo scozzese, considerato il fondatore di due generi letterari: il giallo e il fantastico.

ossia un evento atmosferico di portata eccezionale con fulmini globulari[29] che colpirono la chiesa di St. Pancreas, situata proprio nel bel mezzo della brughiera, danneggiandola pesantemente. Al momento del violento evento, si stava svolgendo all'interno della chiesa una messa con all'incirca trecento fedeli, dei quali quattro furono uccisi, mentre in sessanta rimasero feriti. Secondo la leggenda il temporale fu il risultato di una visita del demonio che aveva stipulato un patto con un locale giocatore di carte imbroglione, Jan Reynolds, o Bobby Read secondo un'altra versione.

Il selvaggio e misterioso paesaggio di Dartmoor, immerso nella brughiera, nel corso del tempo ha notevolmente favorito la nascita di curiose leggende. Era il luogo ideale per Edith, tant'è che ella scrisse in una lettera: "È proprio il genere di paese in cui mi diverto"[30].

Il tragitto verso Dartmoor era piuttosto lungo ma tutto sommato abbastanza comodo, perché c'era un treno diretto da Birmingham fino a Plymouth. Solitamente Edith trascorreva una notte a casa di sua zia Anna che abitava vicino Bristol, la stessa zia che anni prima aveva accolto in casa sua la sorella Effie. Il suo viaggio proseguiva poi a Plymouth e da lì prendeva un treno locale per Dartmoor che attraversava anche Dousland, un piccolo villaggio nato nei dintorni della stazione ferroviaria nella parte a ovest di Dartmoor, con qualche cottage e hotel, costruiti appositamente per i turisti estivi che frequentavano la zona.

---

[29] Un fulmine globulare è un raro e brevissimo fenomeno luminoso dell'atmosfera, avvistabile sia in presenza che in assenza di temporali. Si tratta di un piccolo globo luminoso, di forma sferica e di diametro variabile, fermo o più frequentemente, in rapido e casuale movimento.

[30] Ina Taylor, *The Edwardian Lady. The Story of Edith Holden*, Michael Joseph/Webb &Bower, London 1980, p. 95. (La traduzione è mia).

Edith risiedeva sempre alla Grange, una bella pensione che accoglieva i visitatori più raffinati, che disponeva oltretutto di una sala da ballo, di un campo da tennis e di un prato per giocare a croquet.

Uno dei suoi dipinti che esibì alla mostra a Birmingham si intitolò *Il gelido barlume, Dartmoor*. Ciò ci suggerisce che le sue visite non fossero riservate esclusivamente alle tradizionali vacanze pasquali o estive.

Dal 1902 al 1910 Edith visitò regolarmente Dartmoor da sola, di rado accompagnata da sua sorella Winnie. D'altronde la solitudine non spaventava affatto Edith, anzi: sembrava proprio ricercarla. È proprio nella solitudine che Edith ritrovava finalmente se stessa e la tanto agognata pace.

Ho camminato fino a Yelverton e mi sono seduta nella brughiera. Ho visto un piccolo Saltimpalo maschio dalla testa nera saltellare tra il Ginestrone; l'ho seguito in un'altra macchia di Ginestre e mi sono seduta ad osservarlo. Ha lanciato un chiassoso richiamo, e subito è arrivata la femmina col becco pieno di piccoli bruchi e ha cominciato anch'essa a fare baccano. Allora ho cambiato il mio punto di osservazione e mi sono seduta dietro un grosso cespuglio di Ginestrone, qualche metro lontano; ma la femmina mi ha seguita, dopo aver inghiottito la sua raccolta di brughi e ha strepitato irata contro di me per una mezz'ora. Alla fine se n'è volta via per ritornare subito col becco di nuovo pieno di vermi. Me ne sono rimasta ferma in silenzio e alla fine ho avuto la mia ricompensa.

La femmina si è tuffata repentina ai piedi di un piccolo cespuglio di Ginestrone, pochi metri più in là, ed è spuntata col becco pieno. L'ho seguita e ho scoperto un comodo nido nascosto con molta cura nelle erbe secche tra le radici del

Ginestrone contenente cinque piccoli Saltimpali, prossimi a mettere le penne[31].

Durante i suoi numerosi soggiorni a Dartmoor, Edith strinse amicizia con i Trathen, una famiglia che viveva in un cottage chiamato *Belbert Cot*, vicino alla pensione Grange. La famiglia era composta da Thomas Trathen, dalla moglie Anne e da cinque figli: Alberta, Isabella (chiamate Berta e Belle), Ernest, Tom e Carol.

Thomas era un muratore che possedeva una cava locale di granito chiamata *South Devon Granite Company*. La sua attività lavorativa consisteva nel produrre bordature e incisioni di pietra all'interno delle chiese della zona e fornire le lastre di granito necessarie per la pavimentazione, per i selciati e per murature varie. La moglie Anne, invece, gestiva con molto impegno e fatica un ufficio postale presso il loro cottage assieme alle due figlie, Berta e Belle[32], che diverranno grandi amiche di Edith.

All'epoca del loro primo incontro, nel 1900, Edith aveva ventinove anni, mentre Berta e Belle erano ancora due adolescenti. Le univa il comune interesse per la campagna, la selvaggia brughiera e gli animali. La loro salda amicizia continuerà anche in futuro e Edith farà amicizia anche con i tre fratellini, che la accompagnavano spesso nelle sue spedizioni nel cuore della campagna. Ella resterà sempre in contatto con tutta la famiglia Trathen e continuerà a inviare loro regolarmente dei bellissimi bigliettini con degli schizzi illustrati da lei medesima, accompagnati da ironiche frasi o simpatiche poesie per rallegrarli. Per la famiglia si trattava di

---

[31] Edith Holden, *Appunti sulla natura di una signora inglese del primo Novecento*, Mondadori, I edizione Libri illustrati, Milano 1989, pp. 60-61.
[32] La combinazione dei due soprannomi deriva dal nome del loro cottage.

un vero e proprio regalo, che attendevano con ansia e delizia. Ogni Natale e compleanno era sempre ricordato da Edith, che inviava premurosamente a ciascuno dei figli Trathen una cartolina illustrata da lei, accompagnata da allegri versi poetici.

I Trathen erano anche proprietari di tantissimi cavalli, utilizzati nel loro lavoro presso la cava per il trasporto quotidiano del granito tagliato in piccole dimensioni, incarico riservato al figlio maggiore Tom che lavorava anche lui nella compagnia del padre, e che erano fierissimi di mostrare anche ai visitatori che soggiornavano alla pensione Grange.

Edith adorava gli animali e diede subito un nome a ciascuno dei loro cavalli. Nelle sue lettere, Edith parlava e chiedeva sempre informazioni sugli animali. Compose anche un delizioso dipinto a olio raffigurante Rob Roy, il fedele cane alano tedesco o "gran danese" dei Trathen e lo inviò loro come dono.

Quando Belle e Berta non lavoravano presso l'ufficio postale, facevano lunghe passeggiate ed escursioni nella brughiera assieme a Edith a Yennadon Down, vicino Dousland. Le due fanciulle le mostrarono i loro sentieri preferiti, tanto che alcuni di questi luoghi verranno disegnati e immortalati da Edith in alcune cartoline che poi invierà loro durante una regolare e affettuosa corrispondenza. Edith fece anche un disegno a china di due bei cani, uno più piccolo e uno dalla mole più imponente e dal pelo ricciuto, che abitavano al villaggio di Dousland e intitolò scherzosamente il ritratto, che in seguito regalò ai Trathen, *Dignità e Impudenza*. Ma Edith non si limitò a passeggiare con loro nella brughiera.

Durante le sue visite alla Grange Edith iniziò a insegnare francese ad alcuni dei bambini Trathen e quando lei ritornava a casa, inviava loro degli esercizi tramite la posta. In una delle sue lettere a Carol, composta in francese, scrisse: "Pensi che la tua insegnante si sia del tutto dimenticata di te? Sono stata molto occupata, ma ora che l'inverno sta arrivando, spero che avrai un po' più di tempo per studiare francese. Farò del mio meglio per aiutarti... Arrivederci, sii un bravo ragazzo e fai il piccolo esercizio che ti sto mandando"[33].

A Dousland, Edith strinse amicizia anche con altre persone del luogo che conoscevano il suo profondo amore per la natura. Nel suo diario di campagna del 1906, nel mese di aprile, Edith fa riferimento a una certa signorina B.:

La signorina B. ha ricevuto questa mattina dall'Oxfordshire bellissimi Anemoni di prato[34].

Si trattava della signorina Burnett, che abitava a Dousland.
Inoltre, alcuni conoscenti la aiutarono nelle sue ricerche o osservazioni:

Un abitante di Dousland mi ha mostrato un pendio ricoperto di Ginestrone e di Erica bianca dove, diceva, era sicuro che una Peppola stava costruendosi il nido. Conosco questo uccello solo per averne sentito parlare, così domani ritornerò qui per vederlo da vicino[35].

Queste regolari e rilassanti vacanze a Dartmoor e Dousland continuarono sempre a rallegrare Edith, facendola

---

[33] Ina Taylor, *The Edwardian Lady. The story of Edith Holden*, Michael Joseph/Webb &Bower, London 1980, p. 107. (La traduzione è mia).
[34] Edith Holden, *Diario di campagna di una signora inglese del primo Novecento*, Mondadori, Milano 2001, traduzione di Gina Bosisio, p. 41.
[35] *Ibidem*, p. 49.

evadere dal grigiore della realtà, distraendola dallo smembramento della sua famiglia, un tempo affiatata.

I fiori dell'Acetosella qui sono meravigliosamente grandi; e ovunque il glorioso splendore delle Ginestre[36].

Nell'anno 1905 Edith scriverà il suo primo diario, noto come *Appunti sulla natura di una signora inglese del primo Novecento* o anche *Il secondo diario di campagna di una signora inglese del primo Novecento* (in inglese *The Nature Notes of an Edwardian Lady*),

Questo diario, scoperto solo dieci anni dopo anni la pubblicazione del *Diario di campagna di una signora inglese del primo Novecento* e antecedente di un anno rispetto a quest'ultimo, non verrà menzionato nella biografia di Ina Taylor, perché durante la sua stesura e pubblicazione il diario non era ancora stato scoperto. Viene generalmente considerato una sorta di complemento da accompagnare al più noto diario del 1906, ma a mio avviso è un'ingiustizia perché l'opera è perfettamente autonoma e completa, seppur forse un po' più breve della successiva.

Il diario, caratterizzato dal delicato e inconfondibile stile di Edith Holden, è a dir poco meraviglioso. Partendo da gennaio fino a dicembre, mese per mese, Edith ha registrato tutti i suoi pensieri e le sue osservazioni naturalistiche e zoologiche, accompagnandoli (o forse è il contrario) con delicati acquerelli che sembrano prendere vita tanto sono belli e realistici. Il tutto è poi arricchito da suggestivi e profondi versi poetici della letteratura inglese che ben si

---

[36] Edith Holden, *Appunti sulla natura di una signora inglese del primo Novecento*, Mondadori, I edizione Libri illustrati, Milano 1989, p. 61.

adattano al mese in questione e allo stato d'animo che esso suscita, e anche da detti popolari.

Un diario naturalistico, un diario artistico ma anche un diario poetico. Gli autori e i poeti più citati sono William Shakespeare, John Keats, William Wordsworth, Samuel Taylor Coleridge, Robert Browning ed Elizabeth Barrett Browning, Jean Ingelow, Robert Southey, Alfred Tennyson, Walter Scott, Robert Louis Stevenson e Matthew Arnold.

La magia e i misteri della natura vengono tradotti da Edith in parole e disegni memorabili. Stagione dopo stagione, ella ha annotato tutti i suoi mutamenti e le relative reazioni e comportamenti degli animali. Edith menzionò anche notizie climatiche, eclissi lunari e solari e scosse di terremoto avvenute in Inghilterra in quegli anni.

Edith inizierà a comporre il diario mentre abitava ancora nell'ampia Woodside, ma verrà ultimato in un'altra dimora.

Vista una Vanessa Atalanta nella brughiera e trovato i primi fiori dell'Erica grigia; ho raccolto anche un fiorellino simile all'Eufrasia, ma di color rosa vivo, e una graziosa piantina appiattita sul terreno con fiori simili a piccole stelle.
La brughiera è ora tutta stellata per i fiorellini dorati della Tormentilla e per una quantità di Pedicolarie dai fiori rosa intenso e di Erba bozzolina di ogni colore[37].

---

[37] *Ibidem*, pp. 87-90.

*Illustrazione di Sidney Paget di "Sherlock Holmes.
Il mastino dei Baskerville", Strand Magazine.*

V.

L'insegnamento a Solihull
e il diario di campagna (1906)

Ho fatto una camminata in campagna. Ciascun rametto di ogni albero e di ogni arbusto si stagliava contro il cielo come in un ricamo d'argento. Certe erbe morte e certi frutti secchi sul margine del sentiero erano particolarmente belli: ogni loro dettaglio scintillava di cristalli gelati nella luce del sole[38].

Le finanze della famiglia Holden si facevano sempre più esigue. Non potevano più permettersi l'ampia dimora in cui attualmente vivevano. Così si misero alla ricerca di una casa più modesta ed economica. Alla fine del mese di marzo dell'anno 1905, il sessantanovenne Arthur assieme alle figlie Edith, Winnie e Violet si trasferì a Olton, dove affittò una delle quattro case che erano state recentemente costruite in Kineton Green Road e che venne chiamata *Gowan Bank*.

Questo trasferimento venne registrato da Edith nel diario del 1905.

Alla fine del mese trasloco a Olton, 5 miglia più a nord[39].

---

[38] *Ibidem*, p. 7.
[39] Edith Holden, *Appunti sulla natura di una signora inglese del primo Novecento*, Mondadori, I edizione Libri illustrati, Milano 1989, p. 29.

Immaginiamo quanto sia stato difficile per Edith subire l'ennesimo, forzato trasferimento, anche perché adorava Dartmoor.

Bernard, il fratello minore di Edith, amante del violino, non li seguì. Rimase ad abitare da solo in un appartamento a Dorridge, perché preferiva la quiete della campagna e la compagnia dei suoi cari amici Arthur e Edith Matthison, che affermarono di ammirare notevolmente le sue maniere cortesi da gentiluomo. Inoltre, e probabilmente fu proprio questa la ragione principale del suo allontanamento, i rapporti con il padre e con il fratello Kenneth si erano ormai del tutto logorati.

Gowan Bank era la più piccola delle case in cui avevano abitato fino a quel momento, ma era il meglio che per ora potevano permettersi. Aveva tre camere al primo piano e stanze riservate alla servitù al piano superiore. A causa delle scarse finanze disponibili, la famiglia non poteva permettersi un numeroso personale: c'era una domestica, di nome Florence, sulla quale facevano molto affidamento per la gestione quotidiana della casa e per la cucina; poi c'era la signora Jones che faceva il bucato una volta alla settimana; una domestica veniva ogni giorno per le pulizie e un signore veniva qualche giorno alla settimana per occuparsi del giardino.

Gowan Bank non era circondata da ampi giardini come le loro precedenti case, ma aveva comunque un piccolo giardino sul retro che Edith menzionerà spesso nelle sue opere. Proprio in questa modesta dimora Edith scrisse e illustrò il noto *Diario di campagna di una signora inglese del primo Novecento* (*The Country Diary of an Edwardian Lady*).

Le ragazze vi pianteranno numerosi fiori, l'uva spina e anche un albero di noce, la cui ombra rinfrescante si rivelerà molto utile, soprattutto durante la stagione estiva.

In queste ultime settimane il nostro giardino e quello dei nostri vicini sono stati visitati da uno strano Pettirosso. Tutto il piumaggio del dorso, in un normale Pettirosso di colore bruno, sfumato di verde oliva, in questo è di un grigio argento chiaro così che, quando svolazza attorno, sembra un uccellino bianco col petto scarlatto. Ho sentito dire che era già stato visto qui attorno l'estate scorsa; ed è talmente appariscente che è strano come non sia caduto vittima di qualche cacciatore.

Primule, Tuberose, Piè di gallo, Mezereo o Fior di Stecco, Bucaneve sono tutti in fiore nel giardino. In queste miti mattinate gli uccelli si danno al canto, e continuano più o meno lungo tutto il giorno[40].

Stanotte abbiamo trovato un Rospo che saltellava qua e là nell'anticamera; deve essere entrato in casa dalla porta sul giardino, che è rimasta aperta tutto il giorno[41].

Olton era un villaggio molto vicino alla città di Birmingham, ma manteneva comunque le sue caratteristiche prettamente rurali.

Nell'estate del 1905 Edith tornò a Dartmoor. Questo luogo le aveva proprio rubato il cuore e lo apprendiamo dalle sue stesse parole, appuntate nel mese di settembre nel suo diario.

Lasciato Dartmoor con grande rimpianto e ritornata a Olton[42].

---

[40] Edith Holden, *Diario di campagna di una signora inglese del primo Novecento*, Mondadori, Milano 2001, traduzione di Gina Bosisio, pp. 7-9.

[41] *Ibidem*, p. 25.

[42] Edith Holden, *Appunti sulla natura di una signora inglese del primo Novecento*, Mondadori, I edizione Libri illustrati, Milano 1989, p. 131.

Poco dopo il suo trasferimento a Olton, Edith strinse amicizia con la signorina Burd, la sorella del reverendo E. Burd, vicario di Shirley. La signorina Burd gestiva una scuola privata femminile di circa quaranta alunne a Solihull e propose a Edith di insegnarci. Così, all'inizio del 1906, Edith accettò il posto e insegnò arte ogni venerdì pomeriggio alle ragazze più grandi che avevano all'incirca dai quattordici ai diciassette anni.

Fu proprio nel gennaio 1906 che Edith iniziò a scrivere e illustrare il suo famoso diario esclusivamente come modello di riferimento per il lavoro delle sue alunne, per incoraggiarle a osservare e capire la natura attorno a loro. Edith voleva contagiarle con la sua passione, desiderava che la natura fosse non solo studiata dalle sue allieve, ma anche amata. Non aveva mai pensato a una potenziale pubblicazione dell'opera.

Anche in questo diario, come nel precedente, Edith ha tradotto in pensieri, versi poetici e splendide illustrazioni la flora e la fauna che popolava la campagna e la brughiera inglese (e anche scozzese) agli inizi del Novecento. Ebbe una grande cura nel fare una lista e annotare tutte le differenti varietà di uccelli, fiori e piante che si trovavano nella sua zona. Appena arrivata a Olton, chiese interessanti informazioni ai suoi vicini di casa che potevano rivelarsi utili per il suo diario.

Passeggiando da sola, spesso anche con fatica e andando incontro a imprevisti, per miglia e miglia lungo sentieri celati da rigogliosi boschi o attraverso i campi, avventurandosi perfino in luoghi ripidi e impervi, o pedalando nelle stradine di campagna con la sua inseparabile bicicletta, Edith ci mostra l'incanto di un mondo agreste che purtroppo non esiste più: un mondo incantato nel quale la mano dell'uomo non era ancora così invadente e feroce come nei tempi attuali; un mondo nel quale si poteva sentire il respiro della natura; un mondo pacifico nel quale si poteva godere in tranquillità del canto di un uccellino o della nascita di un nuovo colorato fiore nel proprio giardino o lungo gli argini della strada. Nessuna frenesia, nessun inganno, nessuna tecnologia. Solo la pura e innocente voce della natura, il cui richiamo era irresistibile per la dolce e sensibile Edith.

Ella registrò le sue osservazioni non solo naturalistiche ma anche botaniche e zoologiche nei suoi diari, nei quali rivive tutto il fascino nostalgico di un tempo perduto, il cui battito del cuore è stato soffocato dal cemento, dalle ambizioni e dall'egoismo dell'uomo. Magari potessimo avere una macchina del tempo e tornare indietro anche noi a quel periodo storico…

Stagione dopo stagione, giorno dopo giorno, Edith scriverà delle sue escursioni, mostrandoci le meraviglie che ogni stagione, dall'autunno all'estate, porta inevitabilmente con sé. Credo che ognuno di noi, per varie ragioni, abbia una propria stagione preferita, eppure non è affatto facile indovinare la preferita Edith perché ai suoi acuti occhi, ai quali non sfuggiva nulla, ogni stagione era piena d'incanto e degna di minuziosa attenzione. Edith aveva perfettamente compreso che la natura non solo va rispettata, ma va ascoltata, in silenzio e con pazienza perché, come sosteneva anche William Wordsworth, la natura non tradisce mai chi la ama.

La nascita di un tenero pony della brughiera, il ritrovamento di una violetta nel bosco o di una margherita colorata venivano subito attentamente annotati nei suoi diari, nei quali traspaiono tutto il suo eccitamento e la sua gioia.

A piedi Edith girava per la campagna locale, mentre con la bicicletta si allontanava un po' di più, visitando regolarmente i suoi luoghi preferiti, tra i quali vi erano

Elmdon Park e lo stagno del mulino di Olton, menzionati spesso nei suoi due diari.

Il sabato mattina si recava sempre da sola a Knowle, pedalando con la sua bicicletta.

Andando in bicicletta fino a Knowle attraverso Widney, ho visto alcuni fiori bianchi di Vilucchione e ramoscelli di Caprifoglio in parecchi punti delle siepi [...] Fitta nebbia al mattino, andata in bicicletta fino a Knowle. Vi erano migliaia di minute ragnatele luccicanti per le goccioline di rugiada lungo le siepi[43].

Nella mia passeggiata settimanale a Knowle ho visto che da quando avevo percorso quei sentieri una settimana fa, erano fioriti l'Erba leprina, la Scabiosa, la Lassana, la Castagnola d'acqua, la Cicerbita, lo Stoppione e la Lattuga dei muri, come anche alcune varietà di Pilosella[44].

Sembra che Edith avesse un'amica a Knowle o Dorridge[45] presso cui faceva visita ogni sabato pedalando con la sua bicicletta, ma purtroppo non ha mai rivelato il suo nome[46]. Che fosse la signorina F. nominata nel mese di luglio?

Miss F. mi ha donato questo pomeriggio alcuni Fiori d'Ape selvatici, raccolti nei prati del Berkshire[47].

---

[43] Edith Holden, *Appunti sulla natura di una signora inglese del primo Novecento*, Mondadori, I edizione Libri illustrati, Milano 1989, pp. 132-166.

[44] Edith Holden, *Diario di campagna di una signora inglese del primo Novecento*, Mondadori, Milano 2001, traduzione di Gina Bosisio, p. 93.

[45] Edith usava intercambiabilmente a volte uno, a volte l'altro.

[46] Ina Taylor, *The Edwardian Lady. The Story of Edith Holden*, Michael Joseph/Webb &Bower, London 1980, p. 115.

[47] Edith Holden, *Diario di campagna di una signora inglese del primo Novecento*, Mondadori, Milano 2001, traduzione di Gina Bosisio, p. 91.

Quasi tutte le sue alunne abitavano nelle aree circostanti, mentre altre provenivano da più lontano ed erano pensionanti. Cinque alunne vivevano al piano superiore del convitto della scuola assieme alle insegnanti di scienze e letteratura.

La signorina Burd era una preside molto rigida e severa e quasi tutte le ragazze erano spaventatissime da lei. Qualche volta invitata formalmente una o due delle ragazze più grandi a prendere un tè alla Canonica dove viveva con il fratello. Immaginiamo quanto questo evento fosse temuto dalle povere allieve.

Era anche molto appassionata di giochi e sport, tanto che le ragazze della scuola avevano una loro squadra di cricket, che giocava regolarmente contro le squadre avversarie di altre scuole femminili della zona di Birmingham.

La stessa signorina Burd incoraggiava le sue alunne a tenere ciascuna un personale diario naturalistico ove annotare i cambiamenti delle stagioni, alternandoli opportunamente con alcuni passi della letteratura e della poesia. Così fornì un taccuino a ciascuna ragazza e suggerì loro alcuni interessanti versi poetici per iniziare il lavoro, ma le informò che in futuro avrebbero dovuto trovarli da sole. Inoltre le incoraggiò a impegnarsi molto nel disegno durante le lezioni artistiche di Edith, dalle quali potevano imparare molto.

Le allieve descrissero Edith come una donna molto introversa dai modi quieti e riservati. Difatti nelle sue opere non farà mai cenno alla sua vita privata, anche se dalle sue parole e dalle sue vivide descrizioni del paesaggio circostante trapeleranno i suoi stati d'animo e il suo profondo entusiasmo per ciò che vedeva e scopriva. Inoltre, nei suoi diari ci sono importanti riferimenti ai suoi trasferimenti geografici; inoltre Edith annoterà nel frontespizio di entrambe le sue opere il nome dei luoghi, vividi e palpitanti protagonisti delle sue ricerche e osservazioni.

Questi due preziosi diari ci permettono di seguire fedelmente, mese dopo mese, i passi quotidiani e i viaggi che Edith compì nel 1905 e nel 1906, accompagnandola anche noi nei suoi viaggi, grazie alle sue parole e a un pizzico di immaginazione.

Dal punto di vista fisico, Edith viene descritta come una bella e minuta donna dai lineamenti dolci e fanciulleschi. Aveva dei bellissimi capelli chiari e ricci tenuti sempre legati in una crocchia ed era solita indossare una camicetta bianca dal collo alto e una lunga gonna. Aveva un'indole molto tranquilla e solitaria ed era una brava ed esigente insegnante: sapeva bene come valorizzare lo sforzo e le potenzialità di ciascuna ragazza, ma pretendeva anche il massimo dalle sue allieve. Voleva il meglio per loro.

Per ogni sua lezione del venerdì pomeriggio, Edith portava alle sue allieve vari esemplari di fiori, ramoscelli, piante e bacche che aveva raccolto nelle sue escursioni in campagna, al fine di immortalarli nel disegno. Mentre le ragazze disegnavano, disposte nell'aula in maniera circolare, Edith passava loro accanto, osservava il loro lavoro e, quando necessario, suggeriva alcune correzioni da effettuare. Quando il loro disegno era stato approvato dall'insegnante, si procedeva con la pittura. Se non c'era tempo sufficiente per completare i disegni, Edith portava altri esemplari naturalistici la settimana successiva. Al termine delle lezioni, venivano assegnati i compiti a casa che consistevano nell'esecuzione di alcuni schizzi a matita. Edith lasciava quasi sempre scegliere i soggetti alle proprie allieve. Una delle sue studentesse preferite si chiamava Doris Hamilton-Smith e sembra che fosse particolarmente talentuosa nel disegno artistico, tanto che una mattina alla settimana Edith le impartiva delle lezioni private.

Gradualmente il talento delle ragazze progrediva e i soggetti delle lezioni si facevano sempre più complessi, iniziando a comprendere anche chiese e scorci paesaggistici di Solihull.

Edith trascorse le vacanze pasquali del 1906 a Dartmoor, assieme alla famiglia Trathen. Scrisse nel suo diario, nel mese di aprile:

Ho dipinto il pony e il puledro nei campi, per tutta la mattina [48].

Il pony di cui parla nel suo diario era un caro e vecchio amico di Edith e si chiamava Jess. Il puledro invece si chiamava Jan ed era nato poco prima della sua visita. Edith chiederà sempre loro notizie nella sua corrispondenza con la famiglia Trathen.

Queste vacanze furono particolarmente produttive per Edith perché sarà proprio a Dartmoor che trarrà ispirazione per un suo quadro a olio, intitolato *Study of Chaffinch's Nest and Hawthorns,* che esibirà assieme a *Study of a Hedge-Sparrow's Nest* e che tra l'altro utilizzerà come immagine principale per il mese di maggio nel suo diario.

Domenica di Pasqua. Un'altra giornata meravigliosa. Ho visto un paio di Balestrucci, mi sono fermata a guardare le Trote nel fiume Leet, e ho trovato un nido di Fringuello non ancora del tutto completato in un giovane Biancospino [49].

---

[48] *Ibidem,* p. 41.
[49] *Ibidem,* p. 41.

Curiosamente tutti erano a conoscenza del fatto che Edith stesse scrivendo e illustrando un diario di campagna (non si sa se anche quello del 1905), ove annotava e illustrava i bellissimi esemplari che portava ogni settimana alle sue allieve. Il 16 maggio 1906 Edith scrisse:

> Nel pomeriggio sono andata a cogliere Gigari per il mio corso di disegno[50].

Durante le sue escursioni in campagna, osservava la natura attorno a sé, prestava attenzione e orecchio a ogni più piccolo suono, sussulto e scricchiolio degli alberi e degli animali. Rimaneva incantata ad ascoltare la magica melodia della natura. Sarebbe rimasta lì in eterno. Il tempo pareva fermarsi. Poi andava alla ricerca di particolari esemplari e, una volta trovati, li raccoglieva con estrema attenzione, li avvolgeva delicatamente con della carta per non rovinarli, li riponeva nel cestino della sua bicicletta e li portava a casa o a scuola dalle sue allieve. Osservava con piacere e curiosità la vita e le avventure degli animali che popolavano i boschi, le campagne e le brughiere. Adorava trovare nidi delle varie specie di uccelli, che, esperta in zoologia, sapeva perfettamente riconoscere e che ha anche illustrato nel suo diario, ma non li disturbava. Sapeva che essi erano spaventati da lei; si limitava a osservare le loro attività quotidiane con rispetto, senza recar loro il minimo disturbo o danno.

Ogni luglio si teneva annualmente nella scuola un party in giardino al quale erano invitate tutte le allieve della scuola assieme a tutti i loro familiari e amici. Ogni invito era una piccola opera d'arte, in quanto veniva personalmente illustrato con cura dalle ragazze assieme ai vari regali e

---

[50] *Ibidem*, p. 61.

souvenir da donare ai partecipanti. Era considerato un grande evento mondano di tutto rispetto per la scuola di Solihull.

Nel mese di luglio, inoltre, Edith era solita recarsi presso Balsall Temple, che frequentava spesso quando viveva a Kingswood.

> Sono andata in bicicletta a Baddesley, e di qui a piedi sino a Balsall Temple. Qui avevo visto, anni fa, la Campanula di Canterbury sugli argini dei fiumi, ed ero impaziente di trovarla di nuovo, ma sono rimasta delusa. [...] Questo è davvero un delizioso angolo di campagna, con bassi prati e, serpeggianti tra essi, corsi d'acqua pieni di Carici, fiancheggiati da fiori acquatici e giunchi[51].

Le lezioni scolastiche terminavano alla fine del mese di luglio. Nell'agosto del 1906, durante le sue vacanze estive, Edith tornò nella sua amata Scozia.

> In viaggio per Callander, nel Perthshire.[52]

Dopo la morte del marito Denovan, il grande maestro di Edith, avvenuta nel 1896, la signora Adam si era trasferita e gestiva una piccola pensione chiamata *Inverteith*, nei pressi di Callander, vicino alla catena montuosa dei Trossachs, soprannominati "Highlands in miniatura" per la loro non eccessiva altezza, da dove si potevano ammirare vedute spettacolari e mozzafiato, con boschi e laghi a perdita d'occhio, l'ideale per passeggiare e per fare escursioni.

Edith amava particolarmente questo luogo, tanto bello quanto spettacolare, forse ancor più di quanto adorasse

---

[51] *Ibidem*, p. 93.
[52] *Ibidem*, p. 109.

Craigmill. Partendo da Callander, comunemente considerata come la "porta d'accesso" alle Highlands, Edith, a piedi, in bicicletta o in canoa, esplorava tutta la magnifica campagna circostante, con i suoi scintillanti laghi e le sue superbe vallate.

> In bicicletta ad Aberfoil, presso il Lago di Menteith, e ritorno passando da Loch Achray, Loch Katrine, e Loch Vennachar. Giorno limpido e assolato con vista meravigliosa su distese lontane. In cima alle colline che si elevano tra Aberfoil e Trossachs, ho trovato le vivide bacche scarlatte dell'Uvaspina, che cresceva tra le Eriche e le Drosere in fiore. Presso Loch Vennachar ho trovato alcune Genziane [...]
> Ho attraversato in bicicletta Stathyre e Lochernhead, sino a St. Fillan's, all'estremità del lago Erne. Si sta tagliando il fieno in tutte le vallate, alcune delle quali sono inondate a causa delle piogge insistenti [...] La strada lungo la riva settentrionale del lago Erne è molto bella: corre per sei miglia sempre presso la riva del lago, con la distesa dell'acqua da un alto, e dall'altro il pendio della collina, boscoso sino alla cima. Molto begli alberi fiancheggiavano la strada; ho ammirato i più bei Larici che abbia mai visto[53].

La bellezza di tale regione ha ispirato anche numerosi poeti e scrittori, come ad esempio Walter Scott[54], che vi ha ambientato *La donna del lago*[55]. Inoltre essa è la patria del noto eroe-fuorilegge realmente vissuto Rob "Roy" MacGregor[56],

---

[53] *Ibidem*, pp. 109-116.
[54] Walter Scott (1771-1832) è stato un famoso poeta e scrittore scozzese.
[55] *La donna del lago* (The Lady of the Lake) è un poema narratorio di Walter Scott, composto da sei cantiche e pubblicato nel 1810.
[56] Robert MacGregor (1671-1734), noto come Rob Roy, in italiano Roberto il Rosso (per via del colore rossiccio dei suoi capelli), era un modesto allevatore e commerciante che a seguito di un affare sbagliato,

la cui figura leggendaria venne narrata da Walter Scott nel romanzo storico *Rob Roy*. Edith lesse con molto interesse il romanzo e visitò la tomba di Rob Roy situata nel tranquillo e minuscolo cimitero di Balquhidder. Nonostante i secoli trascorsi, la sua tomba continua a essere intatta e suggestiva, semplicemente indicata da una croce e una spada. Curiosamente, al cane della famiglia Trathen di Dousland venne dato proprio il suo nome.

Edith amava particolarmente Walter Scott[57], tanto che la lettura de *La donna del lago* aveva infiammato la sua vivida immaginazione. Per giorni aveva viaggiato, mettendosi alla ricerca dei luoghi descritti nel poema, come il delizioso Loch Katrine, tra l'altro luogo di nascita di Rob Roy, e la montagna Ben-Ledi, e ne aveva trascritto alcuni versi nel mese di agosto del suo diario di campagna.

Non c'è brezza sulle felci,
nessuna increspatura sul lago;
sopra il nido sonnecchia l'aquila,
nella macchia si è rifugiato il cervo;
gli uccellini più non cantano,
la balzante nota sta immobile.
Tanto cupa minaccia la nube tempestosa,
che sovrasta come un sudario viola

---

divenne un brigante, capo-clan ed eroe leggendario scozzese, tanto da essere definito come il "Robin Hood" della Scozia, che alimentò le leggende con le sue avventure e scorribande. Walter Scott gli dedicò il romanzo storico "Rob Roy", pubblicato nel 1817. Da ricordare anche il film omonimo, diretto nel 1995 dal regista Michael Caton-Jones e interpretato dall'attore Liam Neeson.

[57] Edith aveva letto anche *Waverley* di Walter Scott, pubblicato nel 1814, considerato il capostipite del romanzo storico.

la remota collina di Ben-Ledi[58].

Edith visitò Ben-Ledi, montagna incastonata in un romantico paesaggio. Sembra tuttavia che in quei giorni il tempo non fosse molto clemente e che la cima della montagna rimanesse celata da minacciose nubi cariche di piogge. Edith raccontò alla sua amica Belle Trathen in una cartolina: "Piove moltissimo e non ho ancora dipinto nulla[59]".

Sembra che il tempo non migliorò, perché alla fine del mese di agosto Edith commenterà nel suo diario:

In questo mese in Scozia le piogge sono state quasi incessanti, mentre in Inghilterra Agosto è stato uno dei mesi più caldi che si sia registrato.[60]

Edith visitò anche Oban, un deliziosa e attiva città portuale facilmente raggiungibile con il treno da Callander.

Andata a Oban e tornata con la linea West Highland. Lungo tutto il percorso ho visto grandi quantità di fiori selvatici...[61]

A settembre il clima scozzese migliorò visibilmente e Edith poté tranquillamente dedicarsi ai suoi disegni che in quel luogo le riuscivano particolarmente bene perché quei

---

[58] Edith Holden, *Diario di campagna di una signora inglese del primo Novecento*, Mondadori, Milano 2001, traduzione di Gina Bosisio, p. 107.
[59] Ina Taylor, *The Edwardian Lady. The Story of Edith Holden*, Michael Joseph/Webb &Bower, London 1980, p. 125.
[60] Edith Holden, *Diario di campagna di una signora inglese del primo Novecento*, Mondadori, Milano 2001, traduzione di Gina Bosisio, p. 116.
[61] *Ibidem*, p. 109.

panorami le erano intimamente familiari. La Scozia era come una casa per lei.

> È il giorno più caldo sinora avuto, e anche il terzo di sole splendente. Sono andata in bicicletta a Dunblane, passando per Doune, attraverso una regione ricca di boschi, ondulata, con basse colline e bei panorami in lontananza[62].

Edith e i suoi amici percorsero circa quaranta miglia in bicicletta per i Trossachs, fecero picnic sulla spiaggia e attraversarono i laghi con canoe e barche a remi.

> In barca a remi sino all'estremità del Loch Vennachar e picnic sulla spiaggia [...] Sulla via di casa abbiamo assistito a un magnifico tramonto da un capo all'altro dell'acqua[63].

Visitarono il lago di Menteith, vicino Aberfoyle, percorrendo venti miglia. Curiosamente questo incantevole lago è l'unico della Scozia a essere chiamato *lake* e non *loch*, perché sta a indicare non uno specchio d'acqua, bensì una depressione della zona.

> Andata a piedi sino al lago di Menteith, ritornando poi attraverso le colline. Diversamente dalla gran parte dei laghi scozzesi, qui le rive sono basse e paludose, circondate da vaste macchie di canne, luogo ideale di soggiorno per animali acquatici di ogni tipo. Il lago è conosciuto per il gran numero di Lucci che ospita[64].

---

[62] *Ibidem*, p. 125.
[63] *Ibidem*, p. 125.
[64] *Ibidem*, p. 125.

Il lago di Menteith ha due isole: una più piccola e una più grande. Edith e la sua compagnia noleggiarono da un hotel della zona alcune canoe ed esplorarono l'isola più grande, chiamata *Inchmahome*, ove sorgeva un convento, fondato nel 1238 da Walter Comyn, conte di Menteith, per una piccola comunità di frati agostiniani. È proprio in questo monastero che nel 1547 vi trovò temporaneamente rifugio Maria Stuarda, la regina di Scozia, all'età di quattro anni, da chi voleva usurparne il trono[65]. Le rovine del monastero, palpitanti di storia, sono tuttora visitabili.

> Attraversato il lago a remi sino al Convento di Inchmahome, su una delle due isole. Qui v'erano enormi Castani d'antica data, probabilmente piantati dai monaci, e il più grande albero di Noce che abbia mai visto; anche l'Eucalipto si dice sia stato piantato dalla Regina Maria. La maggior parte dei Castani erano verdi e vigorosi, con magnifici tronchi contorti, e carichi di frutti, come del resto anche il Noce.
> I muri in rovina del Convento erano verdi, ricoperti da una piccola Felce, detta Ruta muraria, e le Campanule facevano ondeggiare i loro rossi campanellini dall'alto di quasi tutte le fessure più elevate [...] I colori di certi muschi e di certe piante acquatiche erano molto vividi, e straordinario era il contrasto di colori tra i frutti arancione e cremisi dell'Asfodelo e il verde estremamente pallido di certi muschi.

---

[65] Maria Stuarda fu costretta a lasciare la Scozia perché la madre, Maria di Guisa, si era rifiutata di darla in sposa a Edoardo, figlio di Enrico VIII, re d'Inghilterra, il quale, adirato per il rifiuto ricevuto, colse l'occasione per invadere la Scozia, sua rivale da sempre, tentando di rapire la preziosa regina. Maria fu dunque nascosta temporaneamente nel priorato di Inchmahome e poi spedita in Francia, con la promessa di un matrimonio con il figlio del Delfino, Francesco.

L'erica sta diventando ora bruna ovunque, con qualche tocco di rosa sparso qua e là[66].

Prima di terminare il suo viaggio, Edith tornò a Craigmill e andò a trovare Denovan Junior, il figlio del suo maestro Adam, ora divenuto anche lui un pittore. Si ricordava delle premure di Edith con molto affetto. Edith passò anche a Cambuskenneth, ove rivide alcuni artisti che aveva conosciuto dieci anni fa, nei suoi giorni da studentessa.

Il 25 settembre Edith salutò con nostalgia la bella Scozia e tornò a Olton in tempo per festeggiare il suo trentesimo compleanno.

Addio alla Scozia: si ritorna ancora una volta nelle Midlands[67].

Tornata a casa e piena di ispirazione, Edith si mise subito al lavoro per il suo dipinto intitolato *Moorland Pasture*, che aveva intenzione di esibire a Birmingham in primavera. Per la mostra autunnale invece aveva già completato *Dartmoor Ponies*. Il suo precedente lavoro, *The Rowan Tree*, aveva riscosso un grande successo alla mostra di Birmingham. La sua ispirazione proveniva sempre dai suoi viaggi, soprattutto in Scozia e a Dartmoor.

Intanto cominciava un nuovo anno scolastico a Solihull.

Il 16 ottobre Edith scrisse a proposito della sorella Effie:

Questa mattina mia sorella mi ha mandato da Keston Common[68] dei bei funghi cremisi picchiettati di bianco.

---

[66] Edith Holden, *Diario di campagna di una signora inglese del primo Novecento*, Mondadori, Milano 2001, traduzione di Gina Bosisio, pp. 125-129.

[67] *Ibidem*, p. 129.

[68] Dopo il matrimonio, la sorella Effie era andata a vivere a Londra e Edith le farà spesso visita. Keston Common è un'area aperta e pubblica

Sebbene si fossero in parte rovinati durante il viaggio (i cappelli si erano staccati dal gambo), ne ho scelti uno o due e ho cercato di disegnarli.[69]

A novembre Edith scrisse una cartolina alla sua amica Belle:

Suppongo che Dousland sia molto tranquilla ora che tutti i visitatori se ne sono andati, è proprio il momento che preferisco per venirci[70].

Da queste parole comprendiamo quanto sia stato forte l'amore per la solitudine di questa donna riservata e misteriosa, che pedalava per miglia e miglia e che passeggiava da sola per ore, contemplando le bellezze della natura circostante.

Edith insegnò alla scuola femminile di Solihull per quattro anni, dal 1906 fino al 1909, e fu il periodo più stimolante, produttivo e creativo della sua vita.

Intanto l'anno 1906 volgeva al termine. Si avvicinava un freddo inverno, forse il più rigido degli ultimi anni. Edith osservava fuori dalla finestra di Gowan Bank e prima ancora in quella di Woodside, gli uccellini infreddoliti dalla neve alla disperata ricerca di cibo e, preoccupata per loro, lasciava ogni giorno del cibo nel suo giardino.

---

con brughiere e praterie di 55 ettari presso il *London Borough of Bromley*, a sole due miglia da *Down House*, la casa di Charles Darwin.

[69] Edith Holden, *Diario di campagna di una signora inglese del primo Novecento*, Mondadori, Milano 2001, traduzione di Gina Bosisio, p. 143.

[70] Ina Taylor, *The Edwardian Lady. The Story of Edith Holden*, Michael Joseph/Webb &Bower, London 1980, p. 122.

Ieri ho innalzato un corto palo nel giardino con un'assicella piatta sulla cima, perché serva da mangiatoia per la colazione degli uccelli; vi ho sparso sopra briciole di pane e pezzettini di carne; ma ieri, per tutto il giorno, gli uccelli l'hanno sistematicamente ignorata. Questa mattina uno Storno ha trovato il coraggio di posarsi sopra; l'hanno seguito i Passeri e di lì a poco sono arrivate due Cince. Dopo di che vi è stata una continua processione di visitatori lungo tutto il giorno: Cinciarelle, Cinciallegre e Pettirossi, ma anche Storni e Passeri[71].

Ho ripulito un pezzetto di prato e vi ho sparso del pane e chicchi di riso. Sono arrivate frotte di uccelli. Ho contato otto Cince insieme sul Noce di cocco e sui tre pali che lo sostengono. Ci sono state battaglie feroci tra le Cince, questa mattina.[72]

71 Edith Holden, *Appunti sulla natura di una signora inglese del primo Novecento*, Mondadori, I edizione Libri illustrati, Milano 1989, p. 166.
72 Edith Holden, *Diario di campagna di una signora inglese del primo Novecento*, Mondadori, Milano 2001, traduzione di Gina Bosisio, p. 15.

Loch Katrine, tratto da Élisée Reclus,
"The Earth and its Inhabitants" (1881).

VI.

Un matrimonio inaspettato

Dopo una giornata ventosa e piovosa, questa mattina ci siamo svegliati con una vera e propria bufera di neve, l'aria piena di fiocchi turbinanti, eppure in mezzo a tutto questo ho udito un'Allodola cantare[73].

Negli anni seguenti, Edith ritornò spesso a consultare i suoi diari di campagna, aggiungendo o adattando del nuovo materiale.

Da sempre grande amante di tutti gli animali, Edith inviava regolarmente donazioni alla *Società Reale per la Protezione degli Animali.* All'inizio del 1907 disegnò un calendario per la rivista "The Animals' Friend" appartenente al *Consiglio Nazionale per la Protezione degli Animali.* A partire dall'aprile 1907 fino al marzo 1908 apparve mensilmente sulla rivista una pagina del calendario espressamente disegnata da Edith. Tale calendario era disponibile anche singolarmente per la fine dell'anno e i proventi erano devoluti in beneficienza. Edith naturalmente ne spedì una copia alla famiglia Trathen, assieme alle sue deliziose cartoline natalizie.

Le illustrazioni del calendario, che avevano sempre per soggetto animali e natura, pur essendo in color seppia e non

---

[73] *Ibidem*, p. 28.

in colori vivaci come i suoi diari, erano veramente splendide. Edith lavorò per la rivista "The Animals' Friend" per ben cinque anni e la impreziosì con oltre quaranta bellissime illustrazioni. Illustrò anche numerose cartoline, disegnate con penna e inchiostro, contro il maltrattamento degli animali, le quali recavano in alto la scritta "Aiutateci!", un'esortazione che gli animi più sensibili avranno sicuramente ascoltato e accolto.

Il 1907 fu per Edith un anno impegnativo quanto il precedente. Nella stagione invernale soggiornò al Castle Bromwich, vicino Birmingham. Luogo rurale dominato dal verde, ove ricchi uomini d'affari erano soliti costruire delle case, il nome Castle Bromwich deriva dagli antichi termini "brom", per via del colore giallo delle ginestre in fiore, e "wich", che indica un insediamento o un'abitazione.

In primavera invece Edith si recò presso la contea di Norfolk, assieme al padre, alle due sorelle e al fratello Kenneth. Arthur Holden era stato ammalato per alcuni mesi e pensarono che un cambio d'aria e luogo potessero giovare alla sua salute. Edith era molto eccitata nell'intraprendere questo viaggio. Scrisse ai suoi amici che fu particolarmente deliziata dal paesaggio di Sandringham[74].

Alla fine dell'estate del 1907 Edith scrisse alla sua amica Belle: "Sembra proprio che verrò a Dousland quest'estate[75]" e infatti vi tornò ad agosto. Le visite di Edith erano accolte sempre con grande entusiasmo dalla famiglia Trathen.

Edith si recava spesso anche a Londra per far visita a sua sorella Effie. Effie e suo marito Carl erano membri attivi di

---

[74] A Sandringham si trova *Sandringham House*, una delle residenze reali più amate dall'attuale regina d'Inghilterra, Elisabetta II, e anche dai suoi predecessori.
[75] Ina Taylor, *The Edwardian Lady. The Story of Edith Holden*, Michael Joseph/Webb &Bower, London 1980, p. 139.

numerose associazioni umanitarie, tra le quali la Società Cristiana Socialista, la "Compagnia della nuova vita[76]", la Confederazione Umanitaria[77] e la Società per l'abolizione della pena capitale, e inoltre partecipavano a vari dibattiti socialisti e fabiani.

Carl era un artista e insegnante che nel 1909 riuscì a ottenere con successo il posto come Segretario presso il *Concilio di Pace Nazionale*. Effie invece continuò a scrivere e pubblicare volumi di poesie e ciò le permise di incontrare alcuni celebri personaggi letterari dell'epoca. Nel 1905 la trentottenne Effie aveva già pubblicato due libri di poesie, tra cui *The Songs of Christine*, pubblicato nel 1901 e ristampato nel 1903. In totale pubblicò undici libri di poesie, sotto il nome di E.M. Holden. Inoltre scrisse un libro su Lucy Stone[78]. Da notare che all'interno di entrambi i diari di Edith compaiono diverse poesie scritte dalla sorella Effie.

Edith si trovava affine agli scopi umanitari di tali associazioni e ammirava particolarmente la vita della sorella maggiore. Avevano solo quattro anni di differenza e fra le quattro, Effie era la sorella più vicina a Edith. Avevano molti interessi in comune e Edith sentiva di potersi liberamente confidare con lei. Dopo il matrimonio con Carl, Effie ritornava a casa solo a Natale e durante le vacanze estive, ma si manteneva regolarmente in contatto con Edith.

---

[76] La "Compagnia della nuova vita" (*Fellowship of New Life*) era un'organizzazione britannica nata nel 1883 e sviluppatesi all'interno del Fabianesimo. Essa sosteneva il pacifismo, il vegetarismo e l'aspirazione a una vita semplice.

[77] La "Confederazione Umanitaria" (*Humanitarian League*) era un'associazione britannica fondata nel 1891, fortemente contraria alla pena di morte, a qualsiasi tipo di caccia e alla vivisezione.

[78] Lucy Stone (1818-1893) fu un'attivista statunitense e un'importante pioniera dei diritti delle donne.

A Londra Edith e Effie si godevano la vita cittadina: visitavano mostre, gallerie d'arte e passeggiavano tranquillamente per i parchi, godendo dei bei panorami. Questi viaggi allargarono molto gli orizzonti di Edith, sia dal punto di vista artistico che sociale. Infatti le sue frequenti visite londinesi le permisero di fare nuove conoscenze e di stringere amicizie. Fu proprio a Londra che conobbe un giovane e promettente scultore di nome Alfred Ernest Smith, che stava studiando al Royal College of Art. Ernest aveva i capelli castani, la barba e un'indole alquanto simpatica e socievole.

Nell'autunno del 1907 le due sorelle progettarono di lavorare assieme a un libro, combinando le illustrazioni di Edith con le poesie di Effie, come avevano fatto qualche anno prima le altre due sorelle Evelyn e Violet[79]. Tuttavia i versi poetici di Effie non si abbinavano facilmente ai disegni di animali di Edith. Le due sorelle produssero comunque, assieme al contributo di Ann e Jane Taylor, un piccolo libro contenente illustrazioni per bambini e poesie sugli animali, intitolato *Birds, Beasts and Fishes*.

Il 21 dicembre 1907 Edith scrisse una lunga lettera a Carol Trathen[80], il fratellino più piccolo della sua amica Belle, dalla quale intuiamo il grande affetto che la legava a questa famiglia:

Mio caro Carol,

non posso dimenticare il tuo compleanno nel bel mezzo della corrispondenza natalizia.

---

[79] Evelyn e Violet Holden avevano illustrato nel 1894 *La vera principessa*, una favola di Blanche Atkinson. Nel 1895 pubblicarono un loro libro di filastrocche.

[80] Carol Trathen partecipò alla Prima Guerra Mondiale e vi morì.

Non riesco a ricordare bene quanti anni tu abbia – sono quattordici o quindici? Ma comunque dovrebbero esserne parecchi. Mi auguro che avrai un buon compleanno, molto felici ritorni, una buona salute e buoni Spiriti nell'anno che sta per iniziare.

Spero che abbiate tutti un felice Natale; io vi penserò e desidererò di essere là con voi durante la cena natalizia. Mi piacerebbe vederti agghindato con carte, berretti, ecc.

L'altra sera sono andata a una festa; avevamo crackers e ogni ospite aveva un delizioso mazzo di violette posizionato nel proprio posto. Tutte le signore indossavano le loro corone e i cappelli da somaro e delle cuffie; una signora soprattutto era particolarmente comica con un elmetto da pompiere.

Per favore ringrazia Belle per la sua bella cartolina; sembra che abbiate avuto lo stesso genere di clima che noi preferivamo; venti di burrasca e pioggia che ci bagnava in breve tempo. Posso immaginare il fango sparso tra la vostra casa e il cancello anteriore.

Noi stiamo tutti andando avanti normalmente; la prossima settimana saremo molto occupati; il signor e la signora Heath stanno arrivando da Londra e resteranno per una settimana; e il mio amico molto simpatico, il signor Smith, trascorrerà il Natale con noi. Dì a tua madre che sto indossando il delizioso regalo che mi ha mandato – e sono molto caldi e confortevoli. Sarà molto contenta di sapere che il mio fratello maggiore, che era stato ammalato per tanto tempo, ora sta molto meglio, e trascorrerà il Natale all'estero con un altro gentiluomo. Andranno a Algeri e probabilmente staranno via fino a marzo. Spero che completerà la cura. Come sta il caro vecchio Rob? E Jess, e Mollie e Joey[81]? Per favore da' un bacio a tutti loro: spero che ti piaceranno le immagini di una certa persona che ti ho mandato. Sento che dovrei scusarmi per avertene inviate così tante; e spero che alcune le terrai al

---

[81] Rob Roy è il nome del bel cane della famiglia Trathen. Jess, Mollie e Joey erano invece i cavalli dei Trathen che Edith spesso raffigurava nei suoi disegni.

riparo. So che ti piace avere una tua opinione su ogni cosa: e tu mi hai donato così tante foto; sono felice di essere in grado di fare qualche restituzione. Come vedi ho promesso di farmi scattare una fotografia prima di Natale; e così tutti i miei amici ora godranno di questo beneficio.

Mio caro piccolo ragazzo, devo dirti addio, con i miei migliori auguri e tanto affetto a tutti voi.[82]

Nella lettera per il giovane Carol, viene fuori tutta la gentilezza e la bontà d'animo di Edith. Ella si informa premurosamente sullo stato di salute degli animali dei Trathen, che le stavano tanto a cuore, e viene anche menzionato Ernest Smith, all'epoca apparentemente solo un amico di Edith.

Le sue parole finali suggeriscono che Edith non amasse particolarmente farsi fotografare, difatti esistono poche immagini di Edith. Probabilmente era anche una spesa non indifferente per l'epoca e la sua famiglia non navigava certo in buone acque in quel periodo.

Poco dopo Natale Edith prese l'influenza e la sua corrispondenza cessò. Il 9 febbraio 1908 scrisse una cartolina alla sua amica Belle, nella quale si scusava per non averle scritto per il suo compleanno, ma era rimasta per diverso tempo a letto malata. Non aveva potuto neanche dedicarsi ai suoi disegni, pertanto non espose alcun lavoro nella mostra di primavera. Tuttavia in seguito uno dei suoi quadri venne accettato presso la *Walker Art Gallery* di Liverpool e un altro dalla *Società per Donne Artiste*.

A maggio Edith invierà a Belle una bellissima cartolina raffigurante il guado di Olton, da cui si poteva osservare il fiume, che distava all'incirca dieci minuti da Gowan Bank.

---

[82] Ina Taylor, *The Edwardian Lady. The Story of Edith Holden*, Michael Joseph/Webb &Bower, London 1980, pp. 141-142. (La traduzione è mia).

Edith tornò nuovamente a Londra nell'estate del 1908. Effie e Carl tuttavia erano in Francia in quel momento, così Edith soggiornò presso la signorina Spence-Bate, una sua amica che viveva a Kensington. Scrisse a Belle:

Ho lasciato Olton per una o due settimane e sono felice di dirtelo. I parchi sono bellissimi, non ho mai visto simili fiori. Lunedì andrò a White City. Abbiamo avuto un clima amabile. C'è stato solo un giorno di pioggia da quando sono arrivata. Il signor e la signora Heath sono stati in Francia – penso che siano tornati a Londra ieri. Spero di vederli. Tanto affetto a tutti voi. Vorrei recarmi a Dartmoor quando partirò da qui[83].

Purtroppo quell'estate non riuscì a tornare a Dartmoor, ma completò un dipinto speciale. Durante la sua ultima visita aveva iniziato un disegno di *Huckworthy Bridge* che aveva visitato diverse volte in compagnia di Belle e Berta. Si tratta di un pittoresco ponte in un piccolo borgo situato a Dartmoor, che ispira una grande pace e tranquillità. Belle lo adorava, era in assoluto il suo luogo preferito; così Edith le promise che avrebbe completato il dipinto come regalo di nozze per Belle, che si sposò con Robert Baker nell'agosto del 1908 e così fu. *Huckworthy Bridge* viene anche menzionato da Edith in entrambi i suoi diari.

Giunta a Huckworthy Bridge attraverso Walkhampton. Lussureggianti felci di ogni specie crescono lungo l'argine del fiume [...] I prati sono un magnifico giardino di fiori selvatici. Giù a Huckworthy oggi ho camminato attraverso i prati presso il fiume Walkham[84].

---

[83] *Ibidem* (La traduzione è mia).
[84] Edith Holden, *Appunti sulla natura di una signora inglese del primo Novecento*, Mondadori, I edizione Libri illustrati, Milano 1989, pp. 69-93.

Andate nel pomeriggio a Huckworthy Bridge, ove c'è il ponte che attraversa il fiume Walkham. Siamo scese lungo tutto il pendio della collina. Nei campi a fianco del fiume ho avuto la sorpresa di trovare l'Anchusa blu già in fiore, proprio dove l'avevo trovata in luglio, l'anno scorso, sull'argine che sovrasta il fiume stesso[85].

Negli anni seguenti la situazione economica della famiglia Holden si aggravò ulteriormente. Nel 1909 Edith abbandonò l'insegnamento a Solihull, probabilmente per dedicarsi maggiormente alle sue illustrazioni e non poté recarsi a Dartmoor perché il costo del biglietto del treno era troppo oneroso per lei. Scrisse a Belle:

Vorrei che non fossi così lontana. Potevamo venire a Dartmoor se il biglietto ferroviario non fosse così costoso[86].

Il 23 luglio dello stesso anno Edith spedì a Belle una cartolina raffigurante i prati di Tewkesburry, una cittadina del Gloucestershire, situata lungo la confluenza del fiume Avon, dove la famiglia Holden organizzava i suoi annuali picnic.

Edith riuscì comunque a tornare in Scozia durante le sue annuali vacanze estive, sempre presso la pensione della signora Adam, ma vi restò solo per quattordici giorni.

---

[85] Edith Holden, *Diario di campagna di una signora inglese del primo Novecento*, Mondadori, Milano 2001, traduzione di Gina Bosisio, p. 45.
[86] Ina Taylor, *The Edwardian Lady. The Story of Edith Holden*, Michael Joseph/Webb &Bower, London 1980, p. 163 (La traduzione è mia).

Huckworthy Bridge sul fiume Walkham.

Nell'estate del 1909 Edith tornò anche a Londra e vi rimase per alcune settimane. Scrisse il 21 agosto a Ernest Trathen in lingua francese:

Mio caro ragazzo,

ci sono numerosi francesi qui quest'estate; sono qui per la Grande Esposizione. Io ci sono stata la scorsa settimana, era magnifica, soprattutto guardarla mentre tutto è illuminato. Ho visto molte cose a Londra, ma le mie vacanze sono fino a lunedì prossimo. Cordiali saluti a tutta la famiglia. Spero che tutti stiano bene[87].

---

[87] *Ibidem*, p. 163. (La traduzione è mia).

A casa c'era sempre parecchio lavoro da sbrigare, soprattutto ora che, a causa delle limitate risorse finanziarie, non potevano usufruire di un numeroso personale domestico.

Il periodo tuttavia non fu sfavorevole per Edith. Grazie ai suoi viaggi a Londra, era riuscita a ottenere varie commissioni artistiche e ciò la fece sperare in meglio per il futuro. Del resto la speranza continuava a essere sempre la sua fedele guida, quel caldo raggio di sole a cui appigliarsi soprattutto quando tutto sembra oscuro attorno a noi.

Nel 1910 Edith illustrò un piccolo libro, intitolato *Daily Bread*. Si trattava di una deliziosa storia per bambini scritta dall'autrice Margaret Gatty[88], i cui protagonisti erano un pettirosso e una tartaruga.

Nella prefazione al libro, gli editori George Bell & Sons dichiararono speranzosi che potesse essere "un regalo ideale per Natale" e che "il libricino si potesse rivelare utile durante le feste per incoraggiare la gentilezza nei confronti degli animali"[89].

Edith inviò una copia del libro alla sua amica Belle come dono natalizio.

In seguito ottenne altre interessanti commissioni artistiche. Nel 1911 illustrò *Woodland Whisperings*, una raccolta di poesie per bambini scritte da Margaret Rankin, per gli stessi editori di *Daily Bread*. Illustrò anche *The Three Goats Gruff*, una storia per bambini con protagonisti sempre gli animali.

---

[88] Margaret Gatty, nata Scott (1809-1873), fu una scrittrice inglese per bambini e anche un'autrice di biologia marina. Era notoriamente contro le teorie evolutive di Charles Darwin. *Daily Bread* è un racconto incluso nelle sue *Parables from Nature*.

[89] Ina Taylor, *The Edwardian Lady. The Story of Edith Holden*, Michael Joseph/Webb &Bower, London 1980, p. 168.

Londra aveva decisamente mutato la vita di Edith. Non solo le permise di avviare con successo la sua carriera come illustratrice specializzata nella pittura di animali, ma le portò anche l'amore. Durante questi ultimi anni la sua solida amicizia con lo scultore Ernest Smith si era trasformata in qualcos'altro. Edith, riservatissima, non menzionerà mai nulla. Ormai aveva trentanove anni ed era considerata a tutti gli effetti una donna nubile, i cui doveri quotidiani consistevano nel badare al padre anziano e malato e alla sorella lievemente inferma Winnie, con l'aiuto dell'altra sorella Violet.

Sia Edith che Ernest amavano profondamente l'arte e questa passione sicuramente li unì molto. Ernest era il pupillo dell'eminente professore e scultore Edouard Lanteri[90], il quale teneva in grandissimo riguardo il suo lavoro, tanto che lo nominò nell'opera in tre volumi che scrisse: *Modelling: a Guide for Teachers and Students*. Ernest aveva trentadue anni, sette anni in meno di Edith e questo fatto probabilmente non fu molto gradito al padre Arthur. Non era esattamente il tipo d'uomo che aveva sognato per sua figlia, ma Edith era una donna moderna e indipendente. Non era mai stata una tipica e convenzionale donna vittoriana (a dispetto del titolo italiano che hanno scelto per le sue opere) e lo dimostrò anche in questa occasione. Edith non seguiva le regole che la società le imponeva, seguiva solo ciò che il cuore le dettava.

Si sposarono il 1° giugno 1911 grazie a una speciale licenza presso l'Ufficio di Stato Civile di Chelsea, famoso distretto di Londra. Per il fidanzamento Ernest le donò uno splendido anello in opale, la personale pietra di nascita di Edith.

---

[90] Edouard Lanteri (1848-1917) nacque in Francia. Nel 1901 divenne il primo professore di scultura al Royal College of Art di Londra.

Andarono ad abitare in un appartamento proprio a Chelsea, dietro alla storica Cheyne Walk. Prima della costruzione della banchina nel 1874, Cheyne Walk era una deliziosa passeggiata lungo il Tamigi. Sebbene ormai separata dal fiume, essa evoca tuttora l'atmosfera georgiana di un tempo, grazie all'allineamento delle case in mattoni rosa. Molti influenti personaggi storici e letterari vi abitarono[91]. Nel primo Novecento l'area era molto frequentata da scrittori e artisti e loro stessi frequentarono i circoli artistici famosi nel periodo edoardiano.

Edith dovette quindi abbandonare la sua amata campagna e i luoghi ai quali era abituata. Non sappiamo che impressioni avesse di Chelsea, dove visse gli ultimi anni della sua vita, ma lei seguitò comunque a raccogliere e studiare le piante e i fiori che trovava in giro. Sarebbe stato magnifico poter aver un ulteriore diario di Edith dedicato alla sua vita a Chelsea.

Dopo il matrimonio Edith continuò appassionatamente il suo lavoro di illustratrice, mentre Ernest ebbe la fortuna di ottenere un prestigioso incarico. Al Royal College of Art, infatti, era stato notato da un'illustre scultrice del periodo, la Contessa Feodora Georgina Maud von Gleichen[92], che aveva

---

[91] Elizabeth Gaskell nacque al numero 93 nel 1810; Dante Gabriel Rossetti ha vissuto al numero 16 dal 1862 al 1882; George Eliot trascorse le sue ultime tre settimane di vita al numero 4; Bram Stoker ha vissuto al numero 27; Henry James trascorse gli ultimi anni della sua vita e morì al numero 21; Thomas Stearns Eliot ha vissuto al numero 19. A Cheyne Walk un tempo vi sorgeva anche il palazzo di Enrico VIII.

[92] La Contessa Feodora Georgina Maud von Gleichen (1861-1922) fu una famosa scultrice britannica di figure e busti-ritratto e designer di oggetti decorativi. La sua famiglia vantava parentele importanti. Infatti suo padre, il Principe Vittorio di Hohenlohe-Langenburg era un nipote della regina Vittoria, mentre la madre, Laura Seymour, era una lontana nipote di Jane Seymour, moglie di Enrico VIII. I suoi lavori divennero

rilevato lo studio del padre dopo la sua morte nel 1891 presso il St James's Palace, residenza reale e uno dei più antichi palazzi della città.

La Contessa Feodora aveva offerto a Ernest di lavorare con lei in qualità di suo principale assistente, incarico che prevedeva competenze da vero scultore esperto, e lui ovviamente accettò con orgoglio tale proposta. La Contessa rispettava molto il lavoro di Ernest, quindi il sodalizio tra i due si rivelò un successo.

Lo studio al St James's Palace era un luogo molto stimolante in cui lavorare ed era costantemente meta di celebri visitatori, provenienti soprattutto dal mondo dell'arte e della scultura. Sir George Frampton[93], la cui fama si era accresciuta notevolmente grazie alla sua statua di Peter Pan nei Kensington Gardens[94], era un grande amico della Contessa e un regolare visitatore del suo studio.

---

famosi in molte parti del mondo. Dopo la sua morte venne creato un fondo in suo nome per sovvenzionare le donne scultrici.

[93] Sir George James Frampton (1860-1928) accademico reale, fu uno scultore britannico e membro di spicco del movimento "Nuova scultura".

[94] L'originale statua di Peter Pan, opera di Sir George Frampton, fu commissionata dallo scrittore Sir James Matthew Barrie nel 1912 e si trova tuttora nei Kensington Gardens, ma esistono altre sei copie della statua nel mondo: una a Perth, in Australia; due in Canada; una nel New Jersey, negli Stati Uniti; una a Bruxelles, in Belgio e infine un'altra a Liverpool, a Sefton Park.

Sir George James Frampton (1915).

Quest'incarico quindi favorì socialmente ed economicamente sia Edith che Ernest, poiché li mise in contatto i personaggi di spicco della società londinese.

Curiosamente la Contessa adorava i cani e non se ne separava mai neanche durante i suoi lavori.

Edith era sempre la benvenuta presso lo studio della Contessa Feodora, ma lei preferiva seguire autonomamente la propria carriera e la propria arte. Continuò a lavorare senza sosta e ottenne altre interessanti commissioni. Nel 1912 illustrò un libro di storia naturale per bambini intitolato *Animals Around Us* di Martin Merrythought. Le illustrazioni consistevano in splendidi acquerelli che avevano come protagonisti svariati animali, come ricci, lepri, scoiattoli, topolini e toporagni d'acqua. Inoltre, venne ingaggiata per illustrare leoni e orsi polari in un articolo in *Mrs Strang's Annual for Children* pubblicato nel 1914. Si trattava di una raccolta di lavori di vari autori e illustratori, pubblicata annualmente, che consisteva in articoli informativi e in disegni di animali. Continuò anche a esporre altri quadri alle mostre. Nel 1917 esporrà nuovamente un'opera, intitolata *Young Bears Playing* alla prestigiosa Royal Society of Arts.

Ernest Smith aveva un fratello di nome Frederick, che era un artista, un artigiano e un insegnante presso la Wolverhampton School of Art. Edith ammirava i suoi lavori fatti a mano e si adoperò con impegno per promuoverli e per aiutarlo nella vendita.

Non si sa quasi nulla della vita matrimoniale di Edith e Ernest, a parte il fatto che non ebbero figli. La stessa Ina Taylor nella sua biografia, una delle poche fonti esistenti e attendibili della vita di Edith, è molto reticente a riguardo.

Sicuramente non fu un periodo facile per Edith. Ora la sua vita era ben diversa da prima: aveva dovuto abbandonare

Olton, la sua adorata campagna, la sua famiglia, la sua libertà e le sue abitudini quotidiane.

Il 20 luglio 1913 il padre Arthur, che nel 1911 si era trasferito nuovamente in un'altra casa a Letchworth Garden City, morì e la sua scomparsa accese lunghe, tristi e ardite dispute tra i fratelli e le sorelle riguardanti l'eredità. Qualche settimana prima di morire Arhur aveva pubblicato anonimamente un libro con la Garden City Press, intitolato *Messagges from the Unseen*[95] (*Messaggi dall'Invisibile*) contenente i messaggi d'amore e di conforto che la moglie Emma, morta nel 1904, continuava a donare alla sua famiglia tramite la scrittura automatica nelle sedute spiritiche. Più che spiritico o religioso, il libro è una sorta di appassionata biografia di Emma, scritta in prima persona in forma di diario. Arthur, per i cinque anni successivi alla morte della moglie, continuò ad annotare tutte le sue parole. Un libro molto bello e toccante, che dona conforto e speranza per chi crede in un'altra vita dopo la morte: secondo Emma, non dobbiamo temere la morte, ma avere fiducia e credere soltanto nell'amore.

L'amore è la sola realtà…
Il suo potere è infinito[96].

---

[95] Nel 2013, in occasione del suo 100° anniversario di pubblicazione, il libro di Arthur Holden è stato aggiornato, riveduto e ristampato in un'edizione speciale da Karl Jackson-Barnes con il titolo *The Edwardian Afterlife Diary of Emma Holden*. Una parte del ricavato del libro è stato destinato allo Scottish Wildlife Trust, per la tutela degli scoiattoli rossi in Scozia, una specie purtroppo in via di estinzione.

[96] Karl Jackson-Barnes, Arthur Holden, *The Edwardian Afterlife Diary of Emma Holden*, edizione speciale, settembre 2013.

St James's Palace (1819).

Quell'amata famiglia che Edith voleva tenere unita, con la morte della madre e ora anche con quella del padre, ormai non esisteva più. Non ne poteva più delle incessanti lotte tra i suoi fratelli e sorelle che continuavano inesorabili a consumarsi. Nel 1917 morirà anche il fratello Kenneth. Sembra che il mancato riconoscimento delle sue opere la deprimesse. Le sue sorelle Evelyn e Violet, con le quali tra l'altro Edith non aveva molta confidenza, all'epoca erano infatti molto conosciute e apprezzate dal pubblico e probabilmente lei si sentì messa in ombra rispetto a loro. E pensare che anni e anni più tardi solo il nome di Edith diverrà famoso e verrà ricordato. E poi non dimentichiamo che proprio in quegli anni scoppierà la Prima Guerra

Mondiale, che cancellò per sempre le certezze finora conosciute e l'innocenza del mondo.

Oggettivamente poi il matrimonio, accompagnato dai suoi mille doveri, volente o nolente, cambia sempre la vita di una persona, soprattutto quella di una donna che ha vissuto nell'epoca vittoriana e mi domando tuttora in che misura la vita e la libertà di Edith subirono mutamenti. Poteva ancora recarsi liberamente a trovare i suoi amici a Dartmoor e in Scozia? Probabilmente si tennero ancora in contatto epistolare, ma nella biografia di Ina Taylor non vi sono più cenni a proposito.

Questo matrimonio durò solo nove anni. Purtroppo venne bruscamente interrotto da un terribile e inaspettato incidente.

La Contessa Feodora Georgina Maud von Gleichen.

VII.

Il ramo spezzato

Non abbiate paura della morte... Essa non è nulla.
Emma Holden[97]

La mattina del 15 marzo 1920 sembrò un giorno come tanti altri. Edith si lamentò con il marito del mal di testa, ma non era un fatto insolito. Sembra che Edith soffrisse spesso di cefalee accompagnate da fastidiose vertigini, per cui il fatto passò inosservato. Il principale argomento di conversazione a colazione fu l'imminente visita di alcuni amici per la Pasqua, i quali sembra che fossero molto attesi da Edith. Ernest si recò come ogni mattina presso lo studio al St James's Palace, mentre Edith disse che probabilmente sarebbe scesa più tardi giù al fiume per assistere agli esercizi dell'equipaggio universitario. Difatti Edith uscì dalla sua casa al numero 2 di Oakley Crescent nel pomeriggio, ma non vi fece mai più ritorno.

Un passante, forse un conoscente, in seguito divenuto testimone oculare, la incontrò per la strada. Probabilmente le domandò curiosamente dove si stesse dirigendo e le suggerì di fare una passeggiata. Lei rispose che si sarebbe diretta verso la zona di Putney. Sicuramente voleva dedicarsi ai suoi

---

[97] *Ibidem.*

dipinti in mezzo alla natura come aveva sempre fatto, oppure raccogliere fiori selvatici e altro materiale erbario per la sua collezione e le sue ricerche naturalistiche. Tuttavia quel pomeriggio accadde qualcosa di terribile.

Quando Ernest ritornò a casa dal lavoro quella sera trovò la tavola perfettamente apparecchiata per la cena, ma non c'era alcuna traccia di Edith. Il marito pensò che fosse in compagnia di amici, anche se gli sembrava strano che non avesse avvisato prima. Ma Edith non tornò più.

Il giorno seguente, martedì 16 marzo 1920 alle sei del mattino, il corpo esanime di Edith fu ritrovato galleggiante su una sponda isolata del fiume Tamigi, vicino ai Kew Gardens[98]. Edith aveva solo quarantotto anni.

Il suo corpo senza vita fu trovato dal poliziotto Cattell, che era stato allertato da Ernest durante la notte. In mattinata, mentre stava camminando lungo la sponda del fiume vicino i Kew Gardens, vide una donna immobile, riversa a terra a faccia in giù. Aveva ancora in mano dei ramoscelli e accanto a lei c'era il suo ombrello.

Fu aperta un'inchiesta per indagare sulla misteriosa morte di Edith, condotta dal dottor M. Taylor presso l'Istituto Legale di Richmond. Interrogarono il marito Ernest e anche il testimone.

La famiglia rimase scioccata dalla sua morte. Dopo il suo matrimonio con Ernest, i contatti con i suoi familiari si erano fatti sempre più sporadici. Alcune sorelle, che erano più distanti e meno in confidenza con Edith, pensarono addirittura che potesse trattarsi di un suicidio premeditato. Ma Dorothy, la giovane moglie di Frederick Smith e cognata

---

[98] I Kew Gardens sono i Giardini Botanici Reali di Kew. Si tratta di un esteso complesso di serre e giardini ubicati tra Richmond upon Thames e Kew, a circa 10 km a sud-ovest di Londra.

di Edith, sostenne che aveva spesso conversato con lei a proposito dello spiritualismo e della religione e Edith aveva sempre fortemente condannato il suicidio. Non l'avrebbe mai fatto, per nessuna ragione al mondo.

Alla fine l'indagine tentò di chiarire la vicenda ipotizzando che Edith avesse provato a raggiungere un ramo di gemme di castagne che sovrastava il fiume. Il ramo era molto grande e fuori dalla sua portata, così sembra che Edith si fosse arrampicata su due ceppi di legno e avesse provato a raggiungerlo con l'aiuto del suo ombrello, ma purtroppo nel tentativo di raggiungere quelle belle gemme scivolò e cadde nel fiume, e a causa della forte corrente affogò. Il fiume era profondo quattro o cinque piedi e probabilmente Edith cadde a testa in giù. La zona era poco frequentata e quindi sembra che nessuno abbia visto o sentito nulla. È anche probabile che Edith non abbia chiesto aiuto poiché svenuta a causa della violenta caduta.

Nell'acqua vi erano dei ramoscelli spezzati. Ispezionarono con attenzione l'area e l'albero di castagne. Un grande ramo si era sbilanciato e si era spezzato, fino a toccare l'acqua del fiume. Forse era proprio quello il ramo che Edith aveva cercato di raggiungere.

Ernest rimase sospettoso circa l'accaduto. L'incidente sembrava strano per una donna come Edith che conosceva la zona e che sapeva bene come muoversi e come comportarsi dato che era solita compiere lunghe escursioni da sola in luoghi tranquilli e impervi.

Il Dottor Paine che esaminò e effettuò l'autopsia sul suo corpo stabilì definitivamente che la causa della morte era stata l'annegamento e che non vi erano tracce di violenza o di difesa.

Un ramo di castagne... Quante volte Edith l'aveva disegnato nei suoi diari di campagna o l'aveva osservato da vicino durante le sue passeggiate!

Possibile che proprio la natura che tanto amava e in cui si era rifugiata per tutti questi anni l'abbia tradita in questa maniera? O era un tradimento del fato?

La tragica morte di Edith mi ha sempre ricordato la morte di Lilias Craven, amato personaggio de *Il giardino segreto* di Frances Hodgson Burnett. Lilias, come Edith, era una donna molto bella, aggraziata e sensibile, che morì proprio all'interno di quel giardino che tanto amava, a causa di un ramo d'albero spezzato. Esattamente come Edith.

Ernest non fu più lo stesso dopo la repentina e inaspettata perdita della moglie. Tentò di riprendere in mano la sua vita, buttandosi a capofitto sul suo lavoro che tanto amava, ma diciotto mesi dopo la morte di Edith morì anche la Contessa Feodora e il mondo che conosceva era ormai perduto per sempre[99]. In seguito Ernest lasciò il suo appartamento a Chelsea e tornò agli studi Joubert dove lavorava prima del suo matrimonio. Purtroppo si ammalò e per un lungo periodo di tempo non riuscì più neanche lavorare. Morì nel 1938, diciotto anni dopo la scomparsa della moglie Edith.

---

[99] Ina Taylor, *The Edwardian Lady. The Story of Edith Holden*, Michael Joseph/Webb &Bower, London 1980, p. 198.

VIII.

Il successo postumo

Sono andata a vedere in un boschetto una macchia di Salici di montagna, un quadro perfetto in questo periodo, tutta coperta di grandi amenti dorati che illuminavano il bosco come fossero centinaia di lampade fatate. Le Api ronzavano tutt'intorno, indaffarate a raccogliere il polline[100].

Il tempo passò e nessuno si curò più dei preziosi diari che Edith aveva lasciato in eredità al mondo. Una nuova terribile guerra era in agguato; il mondo stava cambiando velocemente e sembrava quasi che volesse celare le sue meraviglie e il suo passato, tristemente riposto in un cassetto polveroso e mai più aperto.

Evelyn Holden era divenuta un'illustratrice di successo per l'epoca. I suoi acquarelli erano molto più audaci e meno delicati di quelli della sorella Edith. Nonostante la sua cagionevole salute, fu la sorella più longeva di tutte. Morirà nel 1969, all'età di novantadue anni.

Anche Violet Holden divenne famosa come illustratrice per bambini e nel 1904 si unì al corpo insegnanti della Birmingham Art School.

---

[100] Edith Holden, *Diario di campagna di una signora inglese del primo Novecento*, Mondadori, Milano 2001, traduzione di Gina Bosisio, p. 39.

Poiché Edith e Ernest non avevano avuto figli, dopo la loro morte il diario del 1906 fu ereditato dalla famiglia di Frederick Smith, fratello di Ernest, e lì rimase per diversi anni. La preziosa voce di Edith si perse nel buio, nel silenzio e nella polvere di uno scaffale dimenticato di una biblioteca di famiglia.

Nel 1976 una giovane studentessa universitaria di ventidue anni di nome Rowena Stott, pronipote[101] di Edith Holden, dopo aver consultato sua madre, decise di provare a far pubblicare quel diario dimenticato in una biblioteca di famiglia, con il quale era cresciuta e dal quale era rimasta incantata. Disse di essere rimasta affascinata dagli splendidi e delicati acquerelli di animali, fiori e piante e che non poteva a fare a meno di sfogliarlo continuamente. Mentre studiava all'Exeter Art College, una sera incontrò a una festa la moglie dell'editore Webb e le parlò del suo progetto. Il diario venne in seguito portato all'attenzione degli editori locali, Richard Webb e Delian Bower, che ne riconobbero subito il potenziale e rimasero ugualmente affascinati da tanta bellezza, perduta e lontana nel tempo. Si accordarono e alla fine il diario di campagna del 1906 venne pubblicato l'anno seguente, in una versione facsimile dell'originale per preservarne la bellezza e l'integrità, con tanto di accurata riproduzione dell'effetto di invecchiamento della carta, e fu intitolato *The Country Diary of an Edwardian Lady*.

Il libro fu pubblicato il 13 giugno 1977, esattamente cinquantasei anni dopo la morte di Edith, in collaborazione

---

[101] Rowena Stott è la pronipote acquisita di Edith Holden. Infatti suo nonno era Frederick Smith, fratello di Ernest, il marito di Edith. Frederick e sua moglie Dorothy ebbero solo una figlia, ossia la madre di Rowena che era troppo piccola quando Edith morì, quindi non ricorda nulla di lei. Tuttavia la nonna Dorothy la ricordava molto bene e le era molto affezionata.

con Michael Joseph, una delle migliori case editrici di Londra, e ottenne un immediato e strepitoso successo. Le recensioni furono euforiche e già dopo una sola settimana dalla pubblicazione il diario entrò nella classifica dei best seller del *Sunday Times*, ove vi restò stabilmente per un record di ben sessantaquattro settimane, guadagnandosi un posto nel Guinness mondiale dei libri più venduti. Inoltre, venne nominato dal *Sunday Times* come il libro più venduto negli anni Settanta e rimane al quarto posto nelle liste dei best seller più venduti negli ultimi quarant'anni.

L'interesse per il libro si diffuse anche all'estero, tanto che il *Diario di campagna di una signora inglese del primo Novecento* fu tradotto in oltre tredici lingue e il suo merchandising raggiunse l'Europa, il Giappone e gli Stati Uniti. Furono vendute oltre sei milioni di copie, soprattutto in Svezia, Germania, Francia, America, Olanda, Danimarca, Norvegia, Italia, Finlandia, Giappone.

L'opera divenne in breve tempo un vero e proprio fenomeno mondiale. L'incredibile successo del libro incrementò rapidamente anche l'interesse per il merchandising delle illustrazioni di Edith. *Elgin Court*, una delle principali società del momento, produsse e vendette una serie di biglietti di auguri. Seguirono la commercializzazione di una vasta gamma di ceramiche, di articoli per la cartoleria e la cancelleria, di arredi per la casa, tra cui numerosi articoli per la camera del famoso produttore di letti *Dorma*, il più popolare dei quali si basava sulla splendida illustrazione dei papaveri selvatici di Edith. Ma furono creati e prodotti anche agende, diari tascabili e calendari e tanti altri articoli che avevano tutti come soggetto uno o più acquerelli di Edith. Vennero stampati anche dei libri sugli arredi della cucina e sul giardinaggio e guide sui fiori selvatici e le farfalle che traevano spunto dal diario di

Edith. *Nigel French Enterprises* iniziò a riprodurre i disegni di Edith in più di mille articoli, dalle stoviglie alle lenzuola, vendute in oltre venti Paesi.

Il successo del diario e anche della bellissima biografia di Edith Holden scritta da Ina Taylor nel 1980 portò qualche anno dopo alla realizzazione di una serie televisiva dedicata alla vita di Edith Holden, trasmessa sia nel Regno Unito che a livello internazionale.

Nel 1978 Webb & Bower pubblicarono *The Hedgehog Feast* (in italiano "La festa dei ricci"), libro basato sui bellissimi acquerelli che Edith aveva pubblicato nel 1912 per *Animals Around Us*. Le illustrazioni furono accompagnate dalle parole della pronipote Rowena che, ispirata da quei delicati disegni, creò una deliziosa storia i cui protagonisti erano una famiglia di ricci che si preparavano festosamente all'imminente letargo della stagione invernale. Curiosamente le iniziali su queste illustrazioni non combaciano con le iniziali del nome completo di Edith, ma secondo Rowena ciò era attribuibile al fatto che dopo il matrimonio con Ernest Edith stava sperimentando dei monogrammi da utilizzare nei suoi disegni.

Ma che fine aveva fatto l'altro diario del 1905 e perché non era assieme all'altro nella biblioteca della famiglia?

Fino a quel momento sembra che nessuno fosse a conoscenza della sua esistenza. Nel 1987 ci fu una scoperta sorprendente. Gli editori Webb & Bower furono contattati da Susan e Nancy White, una famiglia completamente estranea agli Holden, che avevano trovato un altro diario molto simile a quello di Edith, ma datato 1905, quindi un anno prima, in una mensa di una sala da pranzo a Southsea, nell'Hampshire. La famiglia White ne era venuta in possesso tramite un'asta locale avvenuta negli anni Quaranta, ma le sue origini e come sia arrivato a quell'asta restano tuttora un mistero.

La scoperta del nuovo diario fu inizialmente accolta con scetticismo, ma un'approfondita analisi condotta da esperti ha confermato che si trattava effettivamente di un'opera di Edith. Rowena Stott lo ha definito un precursore, una sorta di diario di preparazione al successivo diario del 1906.

Anche i diritti di quest'opera furono acquistati da Webb & Bower, che il 5 ottobre 1989 pubblicò il diario con il titolo *The Nature Notes of an Edwardian Lady*.

Anche questo libro balzò subito in cima alle classifiche del best seller e venne tradotto all'estero.

Attualmente purtroppo le copie in lingua italiana di entrambi i libri sono piuttosto rare e anche un po' costose, soprattutto quelle del diario del 1905.

Lo straordinario successo di entrambi i libri ha certamente aiutato e favorito finanziariamente la famiglia di Rowena Stott. Rowena ha rivelato che è stata praticamente Edith a pagare per la sua educazione e che ha tanto di cui esserle grata. Racconta lei stessa che "il giorno in cui lui[102]mi diede £100 fu probabilmente il più bel giorno della mia vita studentesca. Ricordo che mi svegliai la mattina e pensai che era fantastico. Ho potuto pagare il mio scoperto e ho comprato un paio di scarpe"[103].

Infatti la famiglia Stott non navigava in buon acque. Dopo la morte di Arthur Holden, alcuni debiti relativi alla sua azienda di Birmingham erano stati ereditati dai figli, quindi anche da Edith, per poi protrarsi fino alla generazione successiva, quindi alla madre di Rowena. Dopo la

---

[102] Riferito all'editore.
[103] theguardian.com/money/2001/mar/11/observercashsection.theobserver15 (La traduzione è mia).

pubblicazione del diario del 1906, Rowena poté felicemente continuare i suoi studi a Manchester, specializzandosi in Belle Arti. In seguito divenne anche lei un'artista e una pittrice.

Peccato solo che colei che avrebbe dovuto a tutti gli effetti godere del suo successo e del suo talento artistico non ci fosse più da quasi settanta anni oramai.

Nel 2009 i diritti dei libri di Edith sono stati acquisiti da *Chorion Rights Limited*. Nel 2012, a seguito della scomparsa del gruppo *Chorion*, i diritti sono stati acquistati da *Lilytig Limited*, una società collegata a *The Copyrights Group Limited*, che ha agito come agente di merchandising nel 1997. Grazie all'attiva collaborazione di Rowena Stott sono sorte altre interessanti iniziative e sono nati nuovi e, taluni anche costosi, articoli di merchandising.

Queste opere dal sapore antico si sono perfettamente adattate anche alla nostra era digitale. Difatti il diario del 1906 è attualmente disponibile in lingua originale anche in formato ebook, in cui vi è inclusa un'intervista audio[104] con Rowena Stott, attiva custode dell'eredità di Edith, e sono stati pubblicati persino degli audio cd.

Edith Holden ha avuto il suo meritato riconoscimento solo anni e anni dopo la sua tragica morte. La maggior parte delle sue opere purtroppo sono andate perdute. Entrambi i suoi diari sono ancora più preziosi perché sono l'eredità che Edith ha lasciato al mondo. Ogni sua pagina, ogni sua parola e ogni suo acquerello sono fedeli e silenti testimoni del profondo amore che ella nutriva per la natura e gli animali.

---

[104] L'intervista audio con Rowena Stott è disponibile su YouTube a questo link: https://www.youtube.com/watch?v=kD9kDciZ-IA&t=30s

In quei due diari riecheggia un incantevole e tranquillo mondo agreste e un'Inghilterra che purtroppo non esistono più, ma che tornano in vita dopo ogni sua lettura. Leggendo le sue parole, le sue sensazioni e i suoi pensieri, si è pervasi da gioia e serenità, ma anche da malinconia e da un'inarrestabile nostalgia per ciò che si è inevitabilmente perduto nel corso del tempo.

Se Edith vedesse oggi quei luoghi che era solita esplorare a fondo sicuramente non li riconoscerebbe più. Alcune zone sembra che si siano maggiormente preservate, ma l'area di Solihull dove Edith insegnava presso la scuola femminile si è decisamente urbanizzata nel corso degli anni. Il cemento e l'infinita ambizione degli uomini inghiottono ogni cosa e arrivano in ogni dove, ma almeno i ricordi restano e resteranno per sempre.

Grazie alla delicatezza, alla sensibilità e allo straordinario talento artistico di questa incredibile Lady inglese che purtroppo non conoscerà mai il suo reale valore e non saprà mai di essere diventata famosa, ogni pianta, ogni fiore e ogni animale incontrati casualmente da Edith, che ha minuziosamente descritto e illustrato nei suoi diari, rivivono ancora e ancora.

Le lotte che Edith sosteneva con fervore continuano tuttora. La legalizzazione della caccia e la conseguente noncuranza verso la vita di ogni animale continuano a imperversare e a impoverire sempre più la nostra umanità. C'è ancora chi deve comprendere che non vi è alcun divertimento nel perseguitare un povero animale innocente che non ha alcuna colpa e che ha tutti i diritti di vivere in tranquillità nel suo habitat naturale. C'è ancora molta strada da percorrere.

Edith è morta tragicamente in quel pomeriggio di marzo e chissà quante altre illustrazioni e opere avrebbe potuto regalarci. Tuttavia mi piace pensare che grazie alla riscoperta e alla pubblicazione dei suoi diari ella riviva ancora e che il suo spirito sia rimasto là, a errare silenziosamente e a proteggere quella campagna inglese, piena di api svolazzanti, farfalle colorate e uccellini cinguettanti, e quella brughiera misteriosa e purpurea in cui tanto amava perdersi e ritrovarsi. La sua voce è ancora viva e ci parla tuttora attraverso i suoi diari. Basta saper ascoltare e credere. La voce della speranza sussurra ancora il nome di Edith.

Anche i giorni di Gennaio hanno due facce: iniziano bui e nebbiosi; e poi, quando la nebbia si alza, appare il sole e tutto cambia[105].

---

[105] Edith Holden, *Appunti sulla natura di una signora inglese del primo Novecento*, Mondadori, I edizione Libri illustrati, Milano 1989, p. 1.

IL PETTIROSSO

Amo l'allodola che in ciel s'innalza,
e l'usignolo, eremita ispirato,
amo del cuculo la voce errante,
le tortore che implorano tra i faggi.

Amo il sassello, che alla pioggia zirla,
e il merlo che carola nella fratta,
i canti melodiosi e i flauti arguti
che primavera reca e l'alba allieta.

Oh, ma quando ogni fuoco rosso e bruno
è spento infin lungo il sentier silvestre,
come, dai cori spogli, freschi e chiari
giungon del pettirosso i dolci accenti

lindo cantor! Sotto il rosso farsetto
vive il lirico cuor dell'armonia,
e mentre il petto minuscolo rapisce,
egli non sa la gioia che mi dona;

ma via saltella tra le foglie morte,
gli occhietti neri qual lustro giaietto,
ove affranta ancor lacrima la selva
e umide perle pendon da ogni ramo.

Del capanno appartato egli è l'amico,

e quando il bosco la neve inghirlanda,
la moglie del villan del magro vitto
molte briciole getta al pettirosso.

E benché raro canti nel gran gelo,
quando il ruscello, amico infido, ghiaccia
e sulla landa il temporal volando
costringe gli uccellini a stare ascosi,

ben presto poi da un cantuccio remoto
d'errabondo ruscello o d'erta rupe,
o da sponda d'un rio d'edera cinta
scende leggero come foglia secca
e canta ancor la melodia ognor grata
— ma spesso obliata nella sorte avversa —
d'intima gioia, mai al tutto spenta
non men dolce se indugia primavera;

si che par che celato nel suo cuore
sia un elfo allegro che dell'ora narra
in cui la selva, in tutto il suo splendore,
d'uccelli e fior diventi il paradiso.

Nell'ombra argentea dei boschi ritorna
primavera col suo seguito alato,
saltellan gli elfi e ridon fiori e fate,
come il sol torna dopo neve e pioggia.

Effie Margaret Holden

BIBLIOGRAFIA

Taylor Ina, *The Edwardian Lady. The Story of Edith Holden*, Michael Joseph/Webb & Bower, Londra 1980.

Holden Edith, *Diario di campagna di una signora inglese del primo Novecento*, Mondadori, traduzione di Gina Bosisio, traduzione delle poesie di Lia Volpatti, settima edizione cartonata, Milano 2001.

Holden Edith, *Appunti sulla natura di una signora inglese del primo Novecento*, Mondadori, I edizione Libri illustrati, traduzione di Gina Bosisio, traduzione delle poesie di Lorenza Lanza, Milano 1989.

Holden Edith, *The Nature Notes of an Edwardian Lady*, Bloomsbury Books London, Londra 1994.

Holden Edith, *The Hedgehog Feast*, Michael Joseph/Webb & Bower, illustrazioni di Edith Holden, testo di Rowena Stott, Londra 1978.

Jackson-Barnes Karl, Holden Arthur, *The Edwardian Afterlife Diary of Emma Holden,* edizione speciale, settembre 2013.

SITOGRAFIA

http://countrydiary.com/

https://www.encyclopedia.com/women/encyclopedias-almanacs-transcripts-and-maps/holden-edith-b-1871-1920

http://ilgiardinodipsiche.blogspot.com/2015/10/edith-holden.html

http://sweetlydreamingofthepast.blogspot.com/2014/01/diario-di-campagna-di-una-signora.html

http://www.lundici.it/2016/12/diario-di-campagna-di-una-signora-inglese-del-primo-novecento-di-edith-holden-la-vita-agreste-di-una-donna-emancipata/

http://uudb.org/articles/edithholden.html

http://vichist.blogspot.com/2012/03/cinderella-club-movement.html

https://sites.google.com/site/edithholdensnaturenotes/Home

http://enmorespiritualistchurch.blogspot.com/2013/03/the-edwardian-afterlife-diary-of-emma.html

https://www.psychicbookclub.com/pages-from-emma-s-diary

https://yourartisticjourney.com/2016/03/06/edith-holdens-sketch-book/

http://thereisbirmingham.tripod.com/edith_holden.html

https://billdargue.jimdo.com/placenames-gazetteer-a-to-y/places-k/kings-norton/

http://moseley-society.org.uk/local-history/brief-history-of-moseley/

https://www.ourwarwickshire.org.uk/content/catalogue_wow/packwood-hall

http://www.nationaltrustscones.com/2015/12/packwood-house.html

http://beach-combingmagpie.blogspot.com/2013/09/edith-holdens-nature-notes.html

http://foxessa-foxhome.blogspot.com/2013/09/country-diary-of-edwardian-lady.html

https://www.flickr.com/photos/chezdc/5560520385

http://www.geograph.org.uk/photo/3081450

http://designedwithmemories.ca/index.html

https://www.theguardian.com/money/2001/mar/11/observercashsection.theobserver15

http://farfypensieri.blogspot.com/2011/01/edith-holden-il-diario-di-una-signora.html

http://www.morning-earth.org/ARTISTNATURALISTS/AN_Holden.html

https://crostata.wordpress.com/2011/03/24/marzo/

http://www.rc.umd.edu/sites/default/RCOldSite/www/rchs/reader/tabbey.html

http://ariadnesdiary.blogspot.com/2017/

http://www.finzionimagazine.it/libri/the-godmother/edith-holden/

http://www.solihull.gov.uk/Resident/Libraries/Local-family-history/localhistory/chadwickendhistory

https://www.scozia.net/trossachs/

https://nelcuoredellascozia.com/2016/02/04/lincanto-di-inchmahome-priory/

https://solihulllife.wordpress.com/2018/07/

https://tqemagazine.com/2017/07/24/the-country-diary-of-an-edwardian-lady/

http://digital.library.upenn.edu/women/gatty/parables/bread.html

https://www.viamichelin.it/web/Sito-Turistico/London-SW3-Cheyne_Walk-a5ffe4g3

https://www.youtube.com/watch?v=kD9kDciZ-IA&t=30shttp://www.inataylor.co.uk/

110

FILMOGRAFIA

The Country Diary of an Edwardian Lady (1984): serie televisiva composta da 12 episodi (ogni episodio è dedicato a un mese dell'anno) che ripercorre la biografia e le opere di Edith Holden. Fu diretta da Dirk Campbell, prodotta dalla Central Independent Television e trasmessa per la prima volta in Inghilterra nella primavera del 1984, riscuotendo un grande successo. La suggestiva colonna sonora venne affidata a Jon Lord e Alfred Ralston.

La serie esplora la vita di Edith, ma è anche una sorta di documentario, poiché ci mostra com'era la campagna inglese all'inizio del XX secolo. È stata girata proprio nei luoghi che Edith conosceva bene e nei quali è vissuta (Warwickshire, Dartmoor, Scozia e Londra).

L'attrice scozzese Pippa Guard interpretò con successo il ruolo di Edith Holden, mentre all'attore inglese James Coombes fu affidato il ruolo del marito Alfred Ernest Smith.

RINGRAZIAMENTI

Anche in questa mia terza splendida avventura desidero ringraziare vivamente Michela Alessandroni della flower-ed, non solo per il suo impagabile incoraggiamento, ma anche per l'incredibile passione e professionalità con le quali si dedica al suo lavoro.

Grazie a mia madre Anna e alle mie amiche epistolari Emanuela e Michela, che spero si appassioneranno a quest'autrice così speciale.

Ringrazio i miei inseparabili amici animali, che so Edith Holden avrebbe certamente adorato: la cagnolina Daisy; i miei quattro gatti (Missi, Luna, Filippo e Lapo); il nuovo gattino dei miei vicini di casa, Pippo, che viene a trovarmi ogni giorno; la tartaruga acquatica Alisea; il solitario ma felice pesce rosso Romeo e le mie cinque vivaci cocorite. Uno speciale e affettuoso saluto anche a Clementino, uno dei gatti di mio nonno, che purtroppo è scomparso alla fine della stesura di questa biografia a causa di una grave malattia. Non dimenticherò mai la sua dolcezza e quegli occhi.

Ringrazio chi continua fedelmente a seguirmi nel mio blog letterario *Dalla mia finestra* e anche nella pagina Facebook *Edith Holden – pagina italiana* che ho recentemente creato.

Grazie anche a me stessa per continuare a credere. Finché posso e ne avrò la forza, lo farò sempre.

INDICE

Windy Moors

11. Carmela Giustiniani, *Chiamatemi Elizabeth. Vita e opere di Elizabeth von Arnim*, flower-ed 2017

12. Carmela Giustiniani, *La mia anima è un giardino. Vita di Frances Hodgson Burnett*, flower-ed 2017

13. Riccardo Mainetti, *Scoprendo Beatrix Potter*, flower-ed 2017

14. Debora Lambruschini, *La New Woman nella letteratura vittoriana*, flower-ed 2017

15. Alessandranna D'Auria, *Charlotte Brontë. Il diario di Roe Head 1831-1838*, flower-ed 2018

16. Romina Angelici, *Non ho paura delle tempeste. Vita e opere di Louisa May Alcott*, flower-ed 2018

17. Sara Staffolani, *C'è sempre il sole dietro le nuvole. Vita e opere di Jean Webster*, flower-ed 2018

18. Carmela Giustiniani, *Vissi con le mie visioni. Vita di Elizabeth Barrett Browning*, flower-ed 2018

19. Sara Staffolani, *È questo il tempo di sognare. Vita e opere di Emily Brontë*, flower-ed 2018

20. Sara Staffolani, *Una Lady nella campagna inglese. Vita e opere di Edith Holden*, flower-ed 2018

flower-ed

Nella radice, per la quale ha vita il fiore

Casa editrice flower-ed
www.flower-ed.it